I0831104

INCONTRI DANTESCHI DI GRESSONEY ST. JEAN
A CURA DELL'ISTITUTO LEONE XIII DI MILANO IN COLLABORAZIONE CON
L'ISTITUTO DI STUDI DANTESCHI DELL'UNIVERSITÀ CATTOLICA DEL S. CUORE

L'ESPERIENZA MISTICA DI DANTE NELLE INDICAZIONI DELL'ESEGESI TRECENTESCA

PRIMI RISULTATI DI UNA RICERCA DI GRUPPO
EFFETTUATA NELL'ISTITUTO DI STUDI DANTESCHI
DELL'UNIVERSITÀ CATTOLICA DEL S. CUORE

FIRENZE
CASA EDITRICE LEO S. OLSCHKI
MCMLXIX

LA « VISIO IN SOMNIIS » ANALIZZATA NELL'INTERO CONTESTO MEDIOEVALE

(*Primi risultati d'una « ricerca di gruppo » effettuata nel « Seminario di Filologia Dantesca » dell'Università Cattolica del Sacro Cuore*).

I saggi qui raccolti sono il primo frutto di un'indagine beneficiante dei vantaggi oggi comunemente additati nelle « ricerche di gruppo », ma, prima ancora, beneficiante del clima di libertà consentito da chi dirige l'« Istituto di Studi Danteschi » nel cui ambito l'indagine viene condotta: il Prof. M. Apollonio. E che di « clima di libertà » ci fosse effettivamente bisogno non si stenta a dedurlo pensando alla ben marcata impronta psicologica (se non proprio psicoanalitica) che ha caratterizzato l'indagine sin dall'inizio, soprattutto prima che la prospettata « lectura mystica » si spostasse dal semplice avallo dell'*Epistola a Cangrande* (par. 28) a quello ben più massiccio della trecentesca « visio in somniis ».

Una volta entrati in questa nuova ricerca l'orizzonte da perlustrare si è automaticamente profilato da sé. Dei molti commentatori già fatti oggetto di studio qui ne figureranno appena tre, volutamente scelti col criterio del « centro » contemplato nel suo oscillare tra gli estremi: l'*Ottimo Commento*, per intenderci, volutamente ubicato tra la « fictio poetica » sostenuta da Pietro Alighieri e l'esasperazione mistica ravvisabile in un Benvenuto da Imola presto rivelatosi, alle concrete prove testuali, ben più in là dello stesso Guido da Pisa (sostenitore d'una mera « visio in somno » e non già di quel particolare letargo mistico verificantesi da svegli cui invece guarda Benvenuto).

Superfluo è il dire quanto spontaneo sia stato l'accorgersi che il discorso sulla « visio in somniis » (pur vastissimo nella sua specifica sfera) difficilmente si lasciava esaurire in soli termini esegetici; di qui la necessità subito precisatasi di esplorare il parallelo settore filologico-testuale (talvolta esplicitamente chiamato in causa dalle errate « lezioni » soggiacenti al fuorviamento esegetico) e, con la stessa urgenza, l'intero quadro storico donde derivavano i condizionamenti per cui dall'iniziale fede nella « visio in somniis » si è progressivamente passati al prevalere della lettura allegorica.

Un ultimo allargamento si è infine reso necessario: l'intera zona delle consonanze mistiche doverosamente analizzabili onde meglio distinguere in Dante l'apporto dell'esteriore cultura dall'impulso di interiorità.

Vale, ovviamente, anche per questi tre settori quanto già notificato per il reparto esegetico. Piuttosto numerosi sono i saggi già allo studio; qui però ne vengono offerti solo alcuni particolarmente atti a rivelare la fondatezza del nesso cui obbedisce la stessa struttura di questo « Seminario », sistematicamente articolato lungo i quattro itinerari che già qui esemplificano i primi risultati raggiunti: settore *esegetico*, settore *filologico-testuale*, settore *storico* e settore *mistico*. Una più vasta comunicazione sarà tra non molto effettuata nel II° volume degli « Annali dell'Istituto di Studi Danteschi » dell'U.C.S.C. e susseguentemente nel volume che compendierà il programma della « Gressoney 1969 ». Tali sono gli sviluppi prevedibili per una « ricerca di gruppo » sempre più decisamente inseritasi nella scia del ripensamento trecentesco instaurato in Palermo tre anni fa da A. Pagliaro.

* * *

Incompleta sarebbe questa « premessa » se non venisse fatto (ovviamente con implicito « grazie ») il nome di persona rivelatasi del tutto essenziale agli effetti della presente indagine: l'avv. M. Cantore di Milano, alla cui fornitissima biblioteca dantesca si deve l'agevole consultabilità cui hanno, in questo caso, soggiaciuto commentatori trecenteschi, per lo più, così difficilmente reperibili.

EGIDIO GUIDUBALDI S. J.

Assistente alle Esercitazioni dantesche
nella U.C.S.C.
e Segretario organizzativo degli incontri danteschi
di Gressoney St. Jean

Settore esegetico

IL « COMMENTARIUM » DI PIETRO ALIGHIERI

Per maggior chiarificazione di quanto qui appresso illustrato mi inoltrerò riassumendone già in apertura i punti-base.

Comincerò col ricordare la « communis opinio » solita ad intervenire nel concetto che i più hanno di Pietro. Rievocherò, in secondo luogo, gli indubbi meriti a lui comunque aggiudicabili, pur in una diagnosi improntata a notevole senso di critica; e, infine, avvierò il discorso (previo accenno alle giustificazioni d'obbligo) sui limiti in lui riconoscibili equamente distribuendoli tra la dimenticata atmosfera culturale in cui era nato il Poema Sacro e il palese smarrimento esegetico addirittura riportabile, in qualche caso, a previo smarrimento testuale.

Non sarà male, però, introdursi dando prima uno sguardo globale all'intero panorama dell'esegesi trecentesca.

* * *

La moderna critica dantesca, nel suo complesso, pur rivalutando l'intera esegesi del primo centennio ha fatto spesso di Pietro il modello dei commentatori in tal secolo avvicendatisi.

In effetti, il quadro è molto più vario, sì da comprendere almeno tre posizioni diverse, chiarissime in alcuni commentatori, molto più sfumate e quasi compenetrantisi tra di loro in altri. La prima di queste posizioni (l'estremismo « di sinistra », potremmo dire col linguaggio oggi di moda) calca fortemente l'accento sul Dante-profeta ispirato direttamente da Dio fin nei dettagli minimi (vedasi in nota [1] il crudo « per istum aperte redarguit scelera prelatorum et regum et principum... » di Guido da Pisa). La seconda, « di centro » diremmo ancora, propende per una lettura onirica variamente distribuita tra la mera interpretazione aristotelica [2] da più d'uno proposta per il « mezzo del cammin di nostra vita » ed una più esplicita « visio in somno » (da altri, invece, contrastata tramite opzione per la « visio in somniis ») [3]. La terza, infine, (globalmente riportabile alla formula della « fictio poetica ») rifiuta qualsiasi lettura che non rientri in un puro ambito didascalico-allegorico [4]. Pietro è, indubbia-

---

[1] Come già insinuato nel testo il più notevole rappresentante di questa prima posizione è Guido da Pisa, frate carmelitano di spiritualità teologizzante, che « per primo — come ben ci ricorda F. MAZZONI (di lui, su quest'argomento, vedasi soprattutto il saggio *Guido da Pisa interprete di Dante e la sua fortuna presso il Boccaccio* in « Studi Danteschi », XXXV, pp. 29-128) — introdusse nella secolare esegesi dantesca il canone della *Commedia* come visione profetica ». Il commento di Guido, limitato al solo *Inferno,* uscì negli anni successivi alla prima redazione di Pietro, cioè fra il 1343 e il 1350 ed è ancora inedito. Per rendersi conto della sua posizione, basta riflettere su espressioni di questo tipo: « Re vera potest ipse dicere verbum prophete dicentis: 'Deus dedit michi linguam eruditam (*Is.*, L 4), et illud 'Lingua mea calamus scribe velociter scribentis' (Ps. XLIV 2). Ipse enim fuit *calamus Spiritus Sancti,* cum quo calamo *ipse Spiritus Sanctus* velociter scripsit nobis, et penas damnatorum et glorias beatorum. Ipse enim Spiritus Sanctus per istum aperte redarguit scelera prelatorum et regum et principum orbis terre ». La sua esegesi, esaltante la funzione profetica di Dante, sfocia, però, in una forma di determinismo sia pure ispirato, che nullifica quasi completamente il valore poetico della *Commedia.* Lungo questa medesima scia potremo cogliere anche il tardo commento di Filippo Villani uscito probabilmente nel 1402-1404: « Non enim somniis, *sed per venam divini subsurrii,* spiritu revelante et aperiente os poetae, divinum hoc opus prolatum est. Unde qui eum in somniis tanta suscepisse dogmatizzant, meo videre, somniant ».

[2] C'è qui da richiamarsi (come recentemente ricordatoci da A. PAGLIARO nel suo *Proemio e prologo della Divina Commedia,* in « Atti del Convegno di studi su Dante e la Magna Curia », Palermo 1967, pp. 3-29) a due passi di Aristotele, provenienti l'uno dal *De generatione animalium* V 1, 778 (« ὁ δ'ὕπνος εἶναι δοκεῖ τὴν φὺσιν τῶν τοιούτων, οἷον τοῦ ζῆν καί τοῦ μὴ ζῆν μεθόριον... ») e l'altro dell'*Etica nicomachea* I 13, 1002 b 7 (« ὅθεν φασὶν ουδὲν διαφέρειν τό ἥμισυ τοῦ βίου τοὺς εὐδαίμονας των ἀθλίων »).

[3] Lo spunto ci richiama alle sottili distinzioni di Benvenuto da Imola, al cui proposito ben volentieri rinvio a quanto appresso verrà documentato da M. Welber (soprattutto alla pag. 221). Con Benvenuto, su nesso di esplicita derivazione, ci spostiamo a Giovanni dei Bertoldi da Serravalle, nel quale il concetto di « visio in somniis » assurge a precisione di dettaglio, direi per niente meno esplicita. « Notandum est quod A. millesimo trecentesimo, de mense martii, in die Veneris Sancta, *habuit* talem visionem in sompniis; et tunc erat annus Iubilei. *Visio fuit haec*: apparebat sibi, quod in medium dierum vite nostre, scilicet humane, esset in una silva, et quod directa via erat quasi perdita, ita quod homines deviaverunt ab itinere recto ». (*Fratris Johannis de Serravalle Ord. Min. Translatio et Comentum totius libri Dantis Aldigherii cum textu italico Fratris Bartholomaei a Colle eiusdem Ordinis*, Prato 1891, p. 27).

[4] In questo autentico « mare magnum » della « fictio poetica » alcuni esegeti (tra i quali, ovviamente, Pietro) ci si lasceranno catalogare subito. Non così

mente, in questo settore « di destra », ma vi è un contesto assai più mosso di quanto non si soglia pensare, sì da risultare del tutto antistorico farne il modulo riassuntivo dell'intera esegesi primitiva.

1. Alcune premesse al « Commentarium » di Pietro Alighieri.

Una volta introdottici in argomento c'è, come prima cosa, da esaminare i motivi per cui la critica moderna ha ritenuto opportuno attribuire tanta centralità alla figura di Pietro.

Quanto su questo giudizio abbia giocato anche la presunzione (più emozionale che criticamente vagliata!) che un figlio, proprio grazie a questi suoi rapporti di sangue, debba essere un ottimo critico del padre, non è possibile determinarlo. Certo è che, a una prima lettura, il commento di Pietro appare ricco di elementi in-

---

facile sarà la diagnosi da praticare con altri, a cominciare dallo stesso Graziolo de' Bambaglioli che, mentre si pone in un ambito interpretativo allegorico, non teme (nel Proemio, ad esempio) di attribuire a Dante una funzione profetica, opportunamente suffragata con citazioni tutt'altro che equivoche. « ... de ipso merito dici potest, quod legitur sapientie: *Magnus dominus ipsum replevit spiritu suo.* Et ille de ore suo infusam scientiam tamquam acquam pluviam gentibus emanavit. De ipso enim scribi potest, quod per Exechiellem prophetam... ». Resta, naturalmente, da vedere se il Bambaglioli volesse impegnarsi in una esplicita attribuzione a Dante di caratteristiche biblico-profetiche o se l'ha fatto per un semplice encomio iperbolico. Per quanto riguarda Jacopo della Lana pare che il suo commento, databile anteriormente al 1334, sia indirizzato unidirezionalmente in chiave di « fictio », anche se di qui il Gelli (1498-1563) riferisce: « Fu di poi un altro chiamato Jacopo Laneo... che espone: nel mezzo, cioè quando ei dormiva, dicendo ch'egli volse dire, *ch'ebbe questa sua visione in sogno e dormendo...* » (G. B. Gelli, *Letture edite ed inedite di G. B. Gelli sopra la Commedia di Dante,* vol. I, Firenze 1687, p. 35). Nel commento ufficiale di Jacopo della Lana (consultabile in questo caso a p. 107 del volume 1.o dell'edizione Scarabelli, Bologna 1866) non troviamo altro che questa frase: « Nel mezzo del cammin di nostra vita, cioè in lo mezzo della comune vita, la quale è LXX anni, sicché quando comenzò questa opera avea XXXV anni ». Già più oscillante (come verrà tra poco documentato da D. Bertocchi) è la posizione dell'*Ottimo Commento* del 1334, il quale, servendosi senza dubbio dei commenti precedenti, avverte in modo particolare il dilemma « fictio-visio » ed in alcune chiose sembra propendere decisamente per la « visio », ma si pronuncia programmaticamente più a favore della « fictio ». Si deve quindi pensare ad una differenza tra i commenti ufficiali, che dovevano tenere un certo orientamento nella interpretazione di Dante, per non essere duramente censurati (non ci si dimentichi della situazione del momento) e i commenti sorti spesso in modo assai informale come chiose sparse di un testo di Dante, o composti per uso privato di amici o di committenti, in cui gli autori potevano esprimersi molto più liberamente. Come si vede, siamo ben lontani da una uniformità di posizioni e risulta del tutto antistorico (lo si è già asserito nel testo) il considerare il commento di Pietro come riassuntivo di tutta l'esegesi trecentesca.

terni che giustificano la predilezione, se così posso esprimermi, verso di lui mostrata dalla critica moderna.

Prima di tutto, a livello strutturale, questo commento ha un suo calibrato equilibrio che risulta ancor più chiaro se confrontato, ad esempio, con la laconicità, spesso eccessiva, di un Jacopo della Lana, o, al contrario, con la prolissità spesso praticata dall'*Ottimo* anche su argomenti del tutto marginali.

Nell'ampio proemio che precede tutta l'opera [5] vengono esposti con notevole chiarezza non solo i motivi che l'hanno spinto a scrivere questo commento, ma anche i criteri metodologici secondo i quali la *Commedia* va letta, criteri che riprendono da vicino quelli esposti nella tanto discussa *Epistola a Cangrande.*

Un proemio più breve, ma tuttavia metodologicamente importante, viene premesso anche al *Purgatorio* e al *Paradiso.*

All'interno dei capitoli vengono spesso operate partizioni assai opportune e non mai così analitiche da divenire del tutto inutili alla lettura, o addirittura un pericoloso elemento di frammentarismo, come avviene spesso nell'*Ottimo.*

Già da queste prime considerazioni, volutamente condotte a livello di annotazione esteriore e puramente formale, non si può non rilevare che ci troviamo di fronte ad un autore che, per natura e per educazione, ha un'estrema chiarezza intellettuale e struttura il suo commento su piani rigorosamente prestabiliti. Ci si imbatte per la prima volta non già in glosse sparse e nate un po' a caso (quasi da una quotidiana lettura accompagnata da appunti in margine al testo della *Commedia*), ma in un'opera sorta come un tutto organico e su di un programma ben prestabilito.

Quale sia questo programma, ce lo dice Pietro stesso nel proemio generale di cui parlavo prima:

Inquit in Ecclesiastico Salomon: *sapientia abscondita et thesaurus invisus, quae utilitas in utrisque?* Per haec namque verba forsan opinor esse motos certos meos dominos venerabiles et amicos jam diu promptis precibus ad non modice suggerendum mihi Petro Dantis Allegherii de Florentia quatenus *noviter* aliquid fabricarem, per quod librum Comoe-

---

[5] Petri Allegherii, *Super Dantis ipsius genitoris comoediam commentarium,* nunc primum in lucem editum ausilio et sumptibus G. J. Vernon curante Vincentio Nannucci, Florentiae MDCCCXXXXV.

diae ipsius Dantis propriam sapientiam et thesaurum adhuc *in non paucis suis angulis claudentem*, undique perfecte valeant et audeant aperire [6].

Il commento deve, dunque, avere le caratteristiche della « novità » e deve essere in grado di rivelare appieno non pochi « angoli » della *Commedia* ancora « chiusi » alla comprensione.

Tenendo presente che questo di Pietro era già stato preceduto da almeno quattro altri commenti, cioè da quello del fratello Jacopo (1322), di Graziolo de' Bambaglioli, risalente al 1324, di Jacopo della Lana anteriore al 1334, e di Andrea Lancia (comunemente conosciuto col nome di *Ottimo commento*) del 1334, viene da chiedersi come mai egli non consideri ancora sufficientemente chiarita l'opera del padre e in che senso ritenga di poter fare qualcosa di nuovo.

La risposta, ovvia, è che egli pensa, da una parte, di poter dare una nuova visione della figura del padre e dall'altra di affrontare la *Commedia* sotto un'angolatura diversa da quella dei commentatori precedenti.

Una lettura attenta del testo dimostra, infatti, ch'egli programmaticamente intende compiere opera eminentemente « scientifica », tesa a rivalutare la figura del padre di fronte agli « intellettuali » del tempo, e che in questa rigida programmaticità spesso atteggiantesi ad autentica neutralità scientifica (si veda l'uso così frequente delle citazioni!) stanno insieme il grande pregio e i limiti della sua opera.

2. Meriti del « Commentarium ».

Indubbiamente, se anche i commentatori moderni possono spesso utilizzare le chiose di Pietro per chiarire intricati problemi astronomici, filosofici o teologici, lo si deve proprio alla sua informazione culturale ampia e corretta, alla perspicuità del suo dettato, alla chiarezza delle sue argomentazioni.

Nella sua cultura si fondono spesso, senza incoerenze o vuoti intellettuali, elementi medioevali ed umanistici. Una coscienza letteraria e retorica scaltrita ed acuita si accompagna ad una conoscenza assai profonda dei maggiori problemi teologici; accanto alle cita-

---

[6] *Op. cit.*, pp. 1-2.

zioni degli scolastici troviamo testimonianze chiare di uno studio dei classici assai più approfondito di quello degli altri commentatori di Dante.

Per ognuno di questi punti cercherò, ora, di dare qualche esempio testuale significativo.

Gli interessi retorico-letterari di Pietro si manifestano con estrema evidenza prima di tutto in fatti di ordine generale, quali l'uso frequentissimo delle etimologie (vere o false che siano, non ha molta importanza). Ne abbiamo un bell'esempio nell'esposizione dei motivi per cui Dante ha intitolato la sua opera *Commedia*:

Libri titulus est: Comoedia Dantis Allegherii; et quare sic vocetur, adverte. Antiquitus in theatro, quod erat area semicircularis, et in eius medio erat domuncula, quae scena dicebatur, in qua erat pulpitum, et super id ascendebat poeta ut cantor, et sua carmina ut cantiones recitabat, extra vero erant mimi joculatores, carminum pronuntiationem gestu corporis effigiantes per adaptationem ad quemlibet, ex cuius persona ipse poeta loquebatur; unde cum loquebatur, pone de Junone conquerente de Hercule privigno suo, mimi, sicut recitabat, ita effigiabant Junonem invocare Furias infernales ad infestandum ipsum Herculem; et si tale pulpitum, seu domunculam, ascendebat poeta, qui de more villico caneret, talis cantus dicebatur comoedia. Nam dicitur a *comos* (a) quod est villa, et *oda* (b), cantus, quasi villicus cantus et quod eius stylus erat in materia incipiente a tristi recitatione et finiente in laetam, unde adhuc scribentes interdum loco salutationis dicunt tragicum principium et comicum finem. Et quod auctor iste scribere intendebat, incipiendo ab Inferno et finiendo in Paradisum, sic ejus Poema voluit nominari [7].

Questi interessi, inoltre, si avvertono, fortissimi, nella esposizione dei sette sensi secondo i quali le opere letterarie vanno lette, esposizione che compare già nei commenti precedenti, ma qui in modo ben più dettagliato e ricco di sfumature. Tutto il proemio è una riprova di questa mia affermazione, anche se qui, per ovvie ragioni, dovrò riportarne solo qualche passo dei più significativi:

Et scribitur allegorice, quando per id quod factum est intelligitur aliud quod factum sit, ut ecce de duello David cum Golia, quod significat bellum commissum per Christum cum Diabolo in ara crucis. Sic et cum auctor iste dicit se descendisse in Infernum per phantasiam

---

[7] *Op. cit.*, pp. 6-7.

intellectualiter, non personaliter, prout fecit, intelligit se descendisse ad infimum statum vitiorum, et inde exisse etc. » [8].

Notevoli anche le sue possibilità di condurre innanzi con rigore e precisione un'argomentazione filologica, sia pure in termini ancora strettamente legati alla filosofia scolastica. Vedi ad esempio, sempre nel proemio, la definizione così rigorosa e nello stesso tempo perspicua di « causa efficiens ».

Causa efficiens in hoc opere, velut in domo fienda aedificator, est Dantes Allegherii de Florentia, gloriosus theologus, philosophus et poeta: quae causa efficiens non agit nisi in quantum movetur a fine, de quo infra dicam, et qui finis non movet nisi secundum quod est in intentione; et ideo respectu illius effectus, qui est in intentione, est efficiens causa per se. Unde si quid in actione contingit, quod non fuerit in intentione agentis illius, erit causa per accidens, et non per se [9].

Il discorso teologico è, indubbiamente, quello su cui Pietro si sofferma di più e bisogna senz'altro ammettere che spesso riesce a darci una visione assai chiara ed equilibrata, talvolta addirittura assunta in prospettiva storica, della teologia del Trecento in genere e di quella di Dante in particolare. Le continue citazioni dai testi scritturali (o da S. Agostino o da S. Tommaso) si dimostrano spesso assai chiarificanti e pertinenti. Si veda, ad esempio, la specificazione dei rapporti tra grazia operante e cooperante:

Operans gratia praeparat hominis voluntatem ut velit bonum; gratia cooperans adjuvat ne frustra velit. Unde Augustinus: *cooperando Deus in nobis perficit quod operando incoepit, quia ipse ut melius operatur incipiens et volentibus cooperatur perfici* [10].

Vedi anche con quale scioltezza Pietro spiega quei passi di astronomia che tanta difficoltà hanno presentato per i moderni:

Ad evidentiam dicendorum est advertendum, quod auctor fingit in hanc speculativam phantasiam suam intrasse de 1300, de mense Martii, in puncto aequinoctiali dum Sol in Arietem intrat, fingendo tunc lunam esse rotundam, ut dicit in Capitulo 20° Inferni. Item fingit hucusque se stetisse quatuor diebus in hoc itinere, idest in hac contemplatione. Et cum

---

[8] *Op. cit.*, p. 7.
[9] *Op. cit.*, p. 3.
[10] *Op. cit.*, p. 58.

luna in quinque diebus currat duo signa Zodiaci, concluditur quod tunc, dum incoepit, luna fuerit in Signo Librae opposito Arieti, et quod nunc fuerit in principio Signi, vel in capite Sagittarii [11].

Tuttavia le caratteristiche scientifiche della sua opera sarebbero ben più apprezzabili se inserite in un contesto di più ampia interpretazione testuale e di più profonda penetrazione della poesia; mentre, invece, ci troviamo di fronte ad una enciclopedica collezione di tutto il materiale che un erudito del tempo poteva raccogliere partendo dal testo di Dante: collezione, l'ho già detto, tutt'altro che eterogenea, anzi assai bene organizzata intorno alla figura centrale di Dante-« sapiens », ma per questo stesso peccante di eccessivi schematismi e riduzionismi.

3. Traccia per una ricognizione storica.

Questo discorso, per risultare chiaro, va senza dubbio inserito in una ricognizione storica che, rispecchiando un certo ambiente culturale in cui Pietro si trovò a vivere, espliciti anche le motivazioni profonde di un'opera di questo tipo.

Due sono le componenti fondamentali di cui tener conto nell'esaminare la cultura della metà del Trecento, soprattutto nell'ambiente trans-appenninico o comunque settentrionale in cui Pietro visse.

L'una è l'ostilità diffusa che l'opera di Dante incontrò in questi anni, per motivi più che altro di ordine religioso, e i cui episodi più clamorosi, ma non certo gli unici, sono: la condanna di *Monarchia* da parte di Bertrando del Poggetto, la pubblicazione del *De reprobatione Monarchiae* [12] di Fra Guido Vernani da Rimini (opera, fra l'altro, significativamente dedicata dall'autore a Graziolo de' Bambaglioli [13], il più autorevole interprete e difensore di Dante a Bologna), la proibizione della lettura di Dante a tutti i Domenicani [14] e,

---

[11] *Op. cit.* p. 352.

[12] Vedasene l'edizione critica in N. Matteini, *Il più antico oppositore politico di Dante*, Cedam, Padova 1958, da cui nelle pagine seguenti E. Fumagalli selezionerà alcuni passi.

[13] « Suo carissimo filio (*questo l'amaro sarcasmo della dedica*) Gratiolo de Bambaiolis nobili Bononie cancellario, frater Guido Vernanus de Arimino Ordinis Predicatorum salutem et sic transire per bona temporalia ut non perdantur eterna ».

[14] Mi riferisco alla cruda decisione solennemente sancita dall'Ordine domenicano nel 1335 in solenne seduta capitolare: « ... prohibemus districte fratribus

in campo laico, le ironiche rime di Cecco d'Ascoli [15] contro la presunta esperienza mistica di Dante.

L'altra « componente » è quella del nascente pre-umanesimo, dal quale Pietro, vissuto a Verona, si trova ad essere profondamente influenzato [16].

Il figlio di Dante, che, negli anni dell'esilio, condividendo la sorte del padre, ne aveva anche conosciuto e penetrato a fondo i sentimenti e le idee, si trova quindi costretto a difendersi (il termine è forte, ma volutamente) su una duplice linea. Da una parte è per lui necessario dimostrare che non solo Dante è sempre rimasto nell'ortodossia, ma che egli è addirittura un teologo notevole; dall'altra che la sua opera risponde perfettamente a quei requisiti di « sapientia » (e si noti l'onnicomprensività del termine) che costituiscono l'ideale di questi intellettuali del Trecento, ancora convinti dell'universalità e dell'interdipendenza delle discipline culturali, ma, paradossalmente, attenti ormai alla specifica dottrina di ognuna di esse.

E Pietro (come già apparsoci in altra citazione) definisce orgogliosamente il padre:

> Dantes Allegherii de Florentia, gloriosus theologus, philosophus et poeta [17].

Poi pazientemente costruisce, pezzo su pezzo, avvalorando, si può dire, ogni riga con continue citazioni, il suo commento, col solo fine di dimostrar valida questa iniziale definizione e scartando, in modo

---

universis junioribus et antiquioribus quatenus poeticos libros sive libellos per illum qui Dante nominatur in vulgari compositos nec tenere vel in eis studere audeant ». (Cfr. *Monumenta et antiquitates Romanae Provinciae O. P.*, I, Roma 1864, p. 128).

[15] Basta scorrere l'*Acerba* e di ciò si ha subito prova lampante. Su questo specifico problema (l'esperienza mistica di Dante o, meglio, la sua effettiva esperienza oltremondana) cfr. Lib. I vv. 158-162:

Negli altri regni dove andò col doca
Fondando li suoi piedi in basso centro,
Là lo condusse la sua fede poca:
E so ch'a noi non fece mai ritorno...

[16] Richiamo, a questo proposito, due documentazioni altrettanti felici: G. Fallani, *Pietro Alighieri e il suo commento al « Paradiso »*, Firenze, F. Le Monnier 1965 p. 9 (dove troviamo ricordata anche l'epistola metrica inviata a Pietro dal Petrarca) e F. Mazzoni, *Pietro Alighieri interprete di Dante*, in « Studi Danteschi », XL pp. 279-360.

[17] *Op. cit.* p. 3.

più risoluto nelle due redazioni più tarde, ancora inedite e leggibili rispettivamente nel Laurenziano Ashburnhamiano 841 e nel Vaticano Ottoboniano Latino 2867, risalenti al 1350-55 e al 1358, ogni considerazione che non sia strettamente attinente al suo scopo essenziale.

4. Manchevolezze del « Commentarium ».

Nel complesso, questo procedimento ha portato ad un impoverimento notevolissimo della figura di Dante, nonchè di quella di Beatrice (ch'è in fondo la grande protagonista del Poema), cui Pietro finisce per togliere ogni concretezza esperienziale, evitando accuratamente, con un uso continuo e pesante dell'allegorizzazione, di tracciarne un qualsiasi profilo, non dico storico, ma almeno psicologico e morale.

Gli esempi si potrebbero, a questo proposito, moltiplicare: ne basti qualcuno dei più significativi.

Beatrice è presentata come teologia al suo primo apparire a Dante in *Purg.* XXX, vv. 28-33 (« così dentro una nuvola di fiori... »):

> In qua nebula florum ita figurata Beatrix, idest theologia, descendit coronata oliva, quae arbor Minervae, Deae scientiae, dicitur; et accipe eam pro sapientia et theorica dictae theologiae: velum, pro practica ejus subtili; de qua etiam Alanus in simili ait de ipsa theologia per eum sic visa [18].

E più oltre Pietro continua:

> Dicendo, quomodo ipsa theologia sustinuit eum certo tempore; subaudias, cum studio paginae hujus veteris Testamenti. Et cum debuisset procedere ad ea quae sunt novi Testamenti, et sic ad spiritualia; nam in veteri Testamento promittuntur corporalia, et sic ad carnem; et in novo Testamento coelestia, et sic spiritualia; cessavit, ut in textu dicitur. Et hoc est cum dicit, cum de carne ad spiritum ascenderat etc., dedit se ipse auctor mundanis et poeticis scientiis infructuosis, et quae nil promittunt integrum [19].

In *Purg.* XXXI le sue belle membra (il dato, cioè, sul quale lo

---

[18] *Op. cit.*, p. 512.
[19] *Op. cit.*, p. 514.

stesso E. Gilson [20] proietterebbe le dimensioni della fisicità più autentica) vengono interpretate come libri della Bibbia:

> Et incoepit sic: numquam natura, idest naturalis scientia, vel ars, scilicet liberalis scientia, praesentavit tibi aliquid placibilius membris meis nunc in terra dispersis, idest libris Bibliae et aliis theologicis novi Testamenti et Sanctorum per mundum diffusis [21].

Nel *Paradiso*, poi, il procedimento si fa più sbrigativo. Beatrice è vista solo in funzione dei problemi teologici che risolve: i bellissimi versi d'amore che Dante ha per la sua donna vengono tranquillamente ignorati e Beatrice talvolta neppure nominata nel commento (vedi ad es. *Par.* X).

Il suggestivo spunto di *Par.* XXXI, vv. 58-64 (« Uno intendea, e altro mi rispose: — credea veder Beatrice, e vidi un sene...) ha queste parole per tutto commento:

> Fingendo se relinqui a Beatrice. Figura est, quod per theologiam Deum videre et cognoscere non possumus, sed per gratiam et contemplationem [22].

E i versi 70-78 dello stesso canto, con quella fulgida visione di Beatrice tra gli altri beati, vengono annotati con poche parole e poi subito lasciati cadere:

> Videndo Beatricem et Rachelem, idest, theologiam et contemplativam vitam, excelsas, ut dicit. Alia in hoc Capitulo per te vide [23].

All'impoverimento della figura di Beatrice (e quindi dello stesso uomo-Dante) si accompagna non solo una scarsa comprensione, ma anche una forte sottovalutazione dei valori poetici della *Commedia,* in favore di quelli teologici e morali. Pietro stesso fa delle ripetute ed esplicite dichiarazioni a questo proposito.

Nel commento a *Purg.* XXX si preoccupa addirittura di riportare un passo assai duro di Boezio sulla inanità o, meglio ancora, sulla perniciosità della poesia:

---

[20] Intendo riferirmi a quanto E. GILSON ci dice nel suo *Dante et la philosophie*, Libr. Philos. J. Vrin, Parigi 1939: « ... elle lui rappelle l'éclatante beauté du corps qu'aima jadis le poète ces « belles membres » dont, ni dans la nature ni dans l'art rien ne pouvait remplacer pour lui la vue. N'est-ce pas d'ailleurs de cette même insoutenable émotion que frémit la chair du poète? ».

[21] *Op. cit.,* p. 517.

[22] *Op. cit.* p. 729.

[23] *Op. cit.,* p. 730.

De quibus Boetius perpendens in primo ait in persona Philosophiae: *quae ubi poeticas Musas vidit nostro assistentes toro, fletibusque meis verba dictantes, commota paulisper ac torvis inflammata luminibus, Quis, inquit, has scenicas meretriculas ad hunc aegrum permisit accedere? Hae sunt enim quae infructuosis affectuum spinis, uberem fructibus rationem segetam necant, hominumque mentes assuefaciunt morbo, non liberant* [24].

Di una testimonianza di Isidoro, più o meno negli stessi termini, si avvale nel commento di *Purg.* XXXI, vv. 49-60:

> Ut fuit cum, dicta theologia relicta, ipse Dantes se dedit pargolettae, idest poesi, et aliis mundanis scientiis. Contra quas audi Isidorum in libro Sententiarum in Decretis recitatum: *Christianis prohibetur legere figmenta poetarum, quia oblectamenta fabularum nimium mentem excitant ad incentiva libidinum* [25].

La poesia ha un valore soltanto in quanto può contribuire ad una erudizione sacra, afferma sempre in *Purg.* XXXI:

> Teneas tamen quod seculares, et alii, poetas legere debent *ad eruditionem*, ut errorem gentilium detestentur, et utilia quae in eis inveniunt ad usum sacrae eruditionis inducant [26].

Nel *Paradiso,* poi, com'è naturale, date le caratteristiche proprie di questa cantica, viene a lungo sottolineata la specificità della *Commedia,* opera teologica per eccellenza e come tale riservata ad un certo pubblico altamente specializzato. Vedi, ad es., come vengono sottolineati gli elementi scientifici e, più ampiamente, sapienziali in *Par.* I, vv. 16-18 (« Infino a qui l'un giogo di Parnaso »):

> At nunc oportet eum tractare matematice, metaphysice et theologice, ubi requiritur sapientia, et intellectus eget de novo hoc alio jugo Heliconio, idest sapientia; hoc est sapida scientia, quae respicit contemplationem aeternae veritatis [27].

Pietro poi si diffonde molto a lungo sui versi 1-15 di *Par.* II (« O voi che siete in piccioletta barca... »), in quanto la raccomandazione di Dante è perfettamente coerente con gli intendimenti del

---

[24] *Op. cit.*, p. 515.
[25] *Op. cit.*, p. 519.
[26] *Op. cit.*, p. 548.
[27] *Op. cit.*, p. 548.

suo commento, chiamando in causa ancora una volta Aristotele e S. Tommaso:

Quare vide cur contra laicos ita loquitur, et paucis theologis. Ad quod Philosophus etiam advertens ait: *imperiti velut longe distantes speculantur* [28].

E su questa linea arriva ad affermazioni di un orgoglioso aristocraticismo intellettuale, già tipicamente umanistico:

Nam non potest communitas cognoscere quae necesse est cognosci ascendentibus ad Deum per intellectum [29].

Dobbiamo ammettere che in qualche punto del commento la figura di Dante riesce ad esprimersi in tutto il suo vigore e la sua integrità nonostante il riduttivismo volutamente praticato da Pietro. Bellissima, ad esempio, è la pagina sul Veltro, che commenta i versi così oscuri di *Inf.* I (vv. 100-111). Pietro non si limita, come la maggior parte degli altri commentatori, a discutere l'identità presunta del Veltro, ma cerca di seguire il processo psicologico attraverso il quale questa figura di « redentore » dell'Italia si è venuta formando nella mente di Dante. Egli oscilla tra due diverse possibilità; l'una che Dante, uomo dotto in tutte le scienze, dimostri (in questo presagire il futuro) le sue capacità astrologiche; l'altra ch'egli parli profetizzando; ma questa seconda ipotesi, appena accennata gli pare subito troppo pericolosa e ritorna immediatamente alla prima:

Et auctor dicit quod iste Veltrus erit plenus *virtute, amore, et sapientia*; unde verius dic quod auctor, ut ostendat se poetam instructum in diversis, vult nunc se ostendere in judiciis astrorum scientificatum: quae judicia media quaedam tenent inter necessarium et contingens, secundum Ptolomaeum. Et sic per quamdam prolocutionem et praesagium per ea quae cognoscit in stellis et videt debere contingere, ut ostendit etiam in capitulo finali in Purgatorio, ita praedicit et loquitur, scilicet, evenire de proximo tempus totum ad virtutes habituatum. Vel quasi ut propheta loquitur; nam et propheta dicitur *procul fans, sive videns*, unde in primo Regum capitulo 10° dicitur de Samuele: *qui propheta dicitur hodie, vocabatur olim videns*, scilicet in quantum cognoscit et loquitur quae sunt procul a sensibus hominum. Nam interdum non solum sanctis prophetis datus est sermo propheticus, ut Danieli et aliis, sed etiam non sanctis, ut patet in Caipha. Per quod ostenditur Spiritum sanctum datorem gratiarum non personam sequi digni aut indigni sed ordinem traditionis; sed magis

[28] *Op. cit.*, p. 555.
[29] *Ibidem.*

puto ipsum, ut dixi, cognitione motuum certarum stellarum et conjunctionum hoc uti praesagio et prolocutione maxime ex quadam conjunctione Saturni et Jovis, quae de proximo erit secundum quod dicet in finali capitulo Purgatorii et in Capitulo ventesimo [30].

Questo è però l'unico punto del *Commentarium* in cui Pietro sembra postulare una forma di profetismo in Dante. In genere, per i motivi che ho già esposto, il problema non lo interessa ed egli anzi sembra porre una certa cura nel tenersi lontano da tutti gli argomenti, in particolare da quelli psicologici, che erano al centro delle accesissime polemiche di quegli anni.

5. Il dilemma « fictio »-« visio » in Pietro Alighieri.

Pur potendosi ritenere pacifico che Pietro parla sempre e soltanto di « fictio » poetica in Dante, non direi però che ne sia uno strenuo assertore, ma piuttosto che il problema per lui è del tutto secondario.

Commentando il famoso verso 1 di *Inf.* I egli respinge in modo abbastanza netto l'interpretazione aristotelica, che il « mezzo del cammin di nostra vita » sia il sonno, ma la formula stessa (« quod videretur ») rivela che Pietro riconosce che l'opinione aristotelica è la predominante o almeno la più diffusa, e comunque egli non dà argomenti molto validi per giustificare il suo rifiuto di tale formula. Come sempre in questi casi, Pietro sfiora il problema più che trattarlo a fondo:

> Et quoniam hoc fecit et perpendit dicit quod *in medio camini nostrae vitae*, idest in medio annorum humanae vitae, cum ascensus nostri temporis incipit fieri descensus. Sed quod est hoc medium camini nostrae vitae? Videretur quod esset somnus secundum Philosophum dicentem in 2° Ethicae: *bonus et malus nequaquam manifesti sunt secundum somnum: unde dicunt nihil differre secundum dimidium vitae felices a miseris.* Tamen dic, ut praemisi, quod ad tempus humanae vitae se refert, cujus medium est trigesimus quintus annus [31].

Così ben poco si sofferma sui sogni purgatoriali. Il sogno di *Purg.* IX gli dà modo di diffondersi in lunghi « excursus » mitologici

---

[30] *Op. cit.*, pp. 42-43.
[31] *Op. cit.*, p. 24.

sul ratto di Ganimede, ma sul sogno stesso Pietro dice ben poco, oltre il fatto che l'aquila va identificata con Lucia, figura della filosofia matematica e in secondo luogo della grazia di Dio. Assai più gli interessa trarne una sentenza morale-teologica di ordine generale:

E in hoc denotatur modo per auctorem ista porta Purgatorii; ad quem gratiosum modum poenitendi ut ad quemdam altum et repentem montem, non possumus ex nobis ascendere, sed dormientes, idest contemplantes, per aquilam, idest per gratiam, ascendimus: quam gratiam nemo meretur, vel demeretur; ut vides in radio Solis, si aperio fenestram, intrabit, si claudo, non intrat, tamen non possumus eum cogere quod intret [32].

In *Purg.* XV vv. 85-86 sembra dimostrare un più vivo interesse per la definizione di visione estatica: ma il richiamo dotto all'etimologia fa comprendere immediatamente che, ancora una volta, si tratta più che altro di una preoccupazione retorico-letteraria (« ivi mi parve in una visione... »):

In quorum consideratione quasi abstractus devenit in extasim, quae est cum homo aliqua visione vel cogitatione extrahitur, dicta ab *ex*, quod est *extra*, et *stasis*, quod est *status*, quasi extra suum statum [33].

Ne è riprova il fatto che ai vv. 115-123 (« quando l'anima mia tornò di fori — alle cose che son fuor di lei vere... ») che sono stati oggetto di un discorso assai approfondito da parte di altri commentatori, proprio per il processo psicologico che in essi si rivela, Pietro si limita a dire:

Inde dicit quomodo de dicta extatica visione liberatus est [34].

Sull'importantissimo passo di *Purg.* XVII vv. 13-16 (importantissimo, dico, ai fini della precisa individuazione di un meccanismo delicato e complesso quale quello immaginativo) Pietro non si sofferma affatto o meglio, ancora una volta, riconduce tutto il passo al suo primario interesse morale e teologico (« imaginativa che ne rube... »):

---

[32] *Op. cit.*, p. 358.
[33] *Op. cit.*, p. 405.
[34] *Op. cit.*, p. 407.

Ad primam dicit, quod rimato et contemplato eo, quod deberet nos inducere ad pacificentiam, incipit tangere quod deberet nos retinere et refrenare a dicto vitio irae, et hoc per imaginationem motam divinitus a Deo, vel mediante gratia imaginantis; in qua abstractus fuit ab imaginatione illius Philomenae filium proprium occidentis, ira commotae propter ejus sororem stupratam a viro suo [35].

In *Purg.* XIX ai vv. 7-17 (« mi venne in sogno una femmina balba... ») viene seguito tutto l'« iter » culturale attraverso il quale si è venuta formando la figura della « femmina balba » e viene studiato accuratamente il suo rapporto con il mondo mitologico delle Sirene: ma del sogno in se stesso si dice ben poco:

Quae Sirena, idest attractio praefata, in medio mari, idest in medio hujus saeculi, suo cantu, idest sua fallaci delectatione, nos facit submergi in dictis tribus vitiis, nisi veniat domna honesta, de qua hic dicitur, idest, intellectualis nostra virtus, quae talia respicit, et cognoscit, ut lynx. Unde Boetius circa hoc ait: *si lynceis oculis homines intuerentur, nonne introspectis visceribus, illud Alcibiadis superficie pulcherrimum corpus turpissimum videretur?* [36].

In *Purg.* XXVII vv. 97-99 di Lia non si dice nulla se non:

Et in somnio apparuit sibi Lia, ut dicit litera [37]

La terzina finale di *Par.* IV vv. 139-142, che esprime il « perdersi » di Dante in Beatrice non viene neppure sfiorata dal commento; il canto si chiude con un laconico:

Alia per te vide [38].

In *Par.* XXXII addirittura non vengono affatto commentati i vv. 84-151, importantissimi in quanto introducono alla contemplazione finale di Dio; tutto quanto il capitolo è occupato da una lunga disquisizione teologica sul destino dei bambini morti in stato di innocenza e termina con un significativo:

Alia ut *levia* relinquo [39].

---

[35] *Op. cit.*, pp. 418-419.
[36] *Op. cit.*, p. 431.
[37] *Op. cit.*, p. 490.
[38] *Op. cit.*, p. 572.
[39] *Op. cit.*, p 734.

Un senso di obbiettività ci porta ad ammettere che nella chiusa, commentando i vv. 142-145 di *Par.* XXXIII, Pietro dimostra un interesse piuttosto vivo per il rapporto tra fantasia, senso comune, razionalità e sogno. Il discorso, però, sfocia ancora una volta sul piano retorico con il richiamo preciso al testo di Virgilio sui sogni fallaci e quelli veritieri e su quello teologico, tentando di giustificare attraverso un passo di S. Gregorio, la ricerca della verità al di sopra e al di là dei problemi stilistici:

> Et hoc per fictam et phantasticam recitationem, ut etiam nunc auctor iste fecit, et ibi dicit. Sed qui vere ab oculis visa recitat, et scribit, exit per corneam portam. Quare vide amodo qualiter locutus est auctor hucusque, et sub quo stylo et sensu; qui posset dicere, si viveret, ut ait Gregorius: *non verbum ex verbo sed sensum ex sensu refero, quia dum proprietas verborum attenditur, sensus veritatis amittitur. Nam intelligentia dictorum ex causis est assumenda dicendi, quia non sermoni res, sed rei sermo est subjectus* [40].

6. Per una definizione della « fictio » in Pietro Alighieri.

Dimostrato dunque che Pietro propende per la « fictio », pur non essendo questo il suo problema centrale, resta ora da chiedersi che cosa intenda esattamente Pietro usando i termini « fingere », « figurare » e se sia esatto dire che egli rifiuta aprioristicamente qualsiasi tipo di lettura della *Commedia* che non sia quello didascalico-allegorico. Credo che sia del tutto superfluo sottolineare che il termine « fingo » non ha, almeno primariamente, il significato di simulare e neppure quello specifico di inventare, ma è l'esatto equivalente del greco « poiéo »; al limite, quindi, giocando paradossalmente sull'etimologia, possiamo sempre dire che un poeta, proprio in quanto tale, « fingit », cioè crea. È stata, in fondo, una categoria trasvalutante della critica moderna quella di contrapporre « fictio » a « visio »: nell'esegesi trecentesca la consapevolezza precisa di questa contrapposizione non pare esserci mai.

D'altra parte, i passi su cui ci si è basati per fare di Pietro il sostenitore ad oltranza della « fictio » hanno un significato ben diverso, se visti non antologicamente, ma nel loro proprio contesto.

---

[40] *Op. cit.*, p. 740.

Ad esempio il famoso passo del proemio tanto invocato per dimostrare che Pietro intende la discesa di Dante all'inferno come un fatto avvenuto solo « intellettualmente », non « personalmente », è preceduto da un esempio interessantissimo. Ecco il passo nella sua integrità:

> Et scribitur allegorice, quando per id quod factum est intelligitur aliud quod factum sit, ut ecce de duello David cum Golia, quod significat bellum commissum per Christum cum Diabolo in ara crucis. Sic et cum auctor iste dicit se descendisse in Infernum per phantasiam intellectualiter, non personaliter, prout fecit, intelligit se descendisse ad infimum statum vitiorum, et inde exisse etc. [41].

Dall'esempio scritturale riportato, pare risultare abbastanza chiaramente che una lettura allegorica non solo non esclude una interpretazione letterale, ma anzi può addirittura presupporla.

È fin troppo chiaro, infatti, che il caso David-Golia prima di essere un dettaglio passibile di lettura allegorica è un qualcosa rispondente a storica concretezza, almeno nelle intenzioni dello scrivente.

Sempre a proposito dello stesso passo si potrebbe discutere se, ogni volta che Pietro usa il termine « intellectualiter », escluda assolutamente un'esperienza di tipo, diciamo, « mistico » o se la critica non si sia in qualche modo lasciata fuorviare dal fatto che in questo primo passo il termine « intellectualiter » è specificato dall'espressione « non personaliter ».

Ad esempio, in un contesto come quello del proemio al *Purgatorio*, mi parrebbe che lo stesso termine potesse essere interpretato in modo meno riduttivo, per il suo accostamento a « contemplando »:

> De essentiali potest loqui, ut intellectualiter ejus mens contemplando ascenderit locum et montem Purgatorii [42].

Ovviamente mi rendo conto che si tratta di ipotesi piuttosto arrischiate e non sto certo affermando che il commento di Pietro vada letto in chiave di « visio »: concludendo mi pare semplicemente che il dilemma « fictio-visio » non compaia assolutamente in lui e che molti suoi passi diano adito ad una lettura di Dante più ampia e sciolta.

---

[41] *Op. cit.*, pp. 6-7.
[42] *Op. cit.*, p. 285.

7. Dalle incertezze esegetiche allo smarrimento testuale

Un finale bilancio dell'apporto esegetico di Pietro suggerirebbe (pur nel clima di rispetto, ripeto ancora, indubbiamente dovuto « tanto nomini ») un accenno agli estremismi cui porta la sua sempre più insistente ricerca allegorica, quale ci risulta proprio dalle segnalazioni dello studioso maggiormente benemerito da questo punto di vista [43]. Mi riferisco agli infiniti « idest » esplicativi (« ... per Virgilium, *idest* per iudicium rationis per infernum et purgatorium, rerum mundanarum; et ductus ad paradisum terrestrem, *idest* ad perfectum statum et virtuosum huius mundi; et ibi a Matelda, *idest* a vita activa felicitatus... ») [44] fatalmente portato ad annullare, superrazionalizzandola, l'intera spontaneità inventiva di Dante.

Anziché insistere su questi aspetti, fin troppo scontati dopo i miei precedenti rilievi, preferisco già qui sottolineare il dettaglio che poi trasmetterò al « Contributo collettivo » appresso leggibile.

Intendo parlare del non felice « mens nostra peregrina minus a carne et plus a cogitatione occupatur » da lui trasmessoci a proposito del noto passo di *Purg.* IX.

Basti qui l'averlo accennato, sin d'ora affidandolo alle conclusioni che vi verranno appoggiate in sede più adatta.

Gigliola Messori

---

[43] F. Mazzoni, *Pietro Alighieri interprete di Dante* in « Studi danteschi », Vol. 40, XL, pp. 279-360.

[44] *Op. cit.*, p. 329. Si tratta di una delle trascrizioni che il Mazzoni ci offre dalle posteriori redazioni ancora inedite.

« VISIO » e « FICTIO »
nel « COMENTUM SUPER DANTIS COMOEDIAM »
DI BENVENUTO DA IMOLA

I. Premessa metodologica.

Scopo della presente ricerca è di reperire nel *Comentum*, attraverso una schedatura attenta e ragionata, indicazioni sufficienti a definire l'atteggiamento di Benvenuto nei confronti di uno dei problemi più discussi della critica dantesca: l'origine prima della *Commedia.* Si tratta cioè di schierare Benvenuto fra i sostenitori della ' fictio poetica ' oppure fra quelli della ' visio in somniis '.

Il problema può sembrare ozioso, soprattutto a coloro che, fermi alla considerazione tradizionale di un autore più spesso saccheggiato che inteso, quale appunto è Benvenuto, si accontentano di vedere nel *Comentum* un documento, forse il più cospicuo, di abilità interpretativa, di ' splanamento ' delle allegorie, una ridda di sensi e sovrasensi imposti al testo dantesco. A questo proposito giova, però, notare che, se Benvenuto dichiara di voler leggere Dante

> figmentorum integumenta eliciens, elucidans et obscura variis velata figuris, multiplicibus sensibus involute latentibus [1]

non dobbiamo ritenerci sufficientemente informati circa l'atteggiamento del commentatore nei confronti del testo. Un commento allegorico,

---

[1] Sia questa che le altre citazioni provengono da *Benvenuti de Rambaldis de Imola Comentum super Dantis Aldighierii Comoediam* edito da G. W. Vernon curante J. F. Lacaita, Firenze 1887, in 5 voll.. Cfr. per questa prima citazione, vol. I, pag. 5.

infatti, si può condurre con le convinzioni più svariate: per quello che ci interessa notiamo che esso è possibile sia postulando nello scrittore commentato una precisa volontà allegorica, sia prescindendo dalle sue intenzioni, sia considerando le sue figure come un prodotto ben più spontaneo ed integrale che certe macchinose alzate d'ingegno, capolavori di ambiguità. Detto questo, restano ora da chiarire i concetti che informeranno la schedatura del testo benvenutiano: è infatti utile spendere qualche parola su di un altro problema preliminare, per evitare che i risultati di questo lavoro, qualunque siano, vengano fraintesi.

Come ho già suggerito, tre potrebbero essere gli atteggiamenti di Benvenuto: a favore della ' fictio '; neutrale; a favore della ' visio '. Il lavoro di schedatura consisterà nell'adunare attorno ai due poli estremi le indicazioni del testo, per concludere poi a favore dell'una o dell'altra ipotesi. « Fictio » o « visio »: questo dilemma reggerà tutta la schedatura, ma occorre notare che la scelta di questi termini non è stata dettata da criteri di nobiltà linguistica, bensì di convenienza. I due termini hanno il pregio dell'ambiguità, di oscillare, cioè, tra la specificità e la genericità, pregio che manca alla traduzione che i moderni ne fanno, e potrebbe mancare ai termini stessi nel contesto del commento benvenutiano. Se, infatti, traduciamo ' fictio ' e ' visio ' in termini moderni, non potremo prescindere dagli acquisti operati dalla scienza (significati) e dalla lingua (significanti) nel tempo che da Benvenuto ci separa: d'altro lato, dopo questa operazione, dovremmo controllare la fedeltà della nostra traduzione a confronto col testo benvenutiano, con risultati, credo, deludenti. E qui ci soccorre l'ambiguità dei termini da noi scelti, che, rimanendo identici e riconoscibili nonostante le sfumature di significato che noi a Benvenuto possiamo attribuire, ci permettono di iniziare la schedatura senza la preoccupazione di una traduzione sempre passibile di smentite.

Ancora più corretto metodologicamente credo sia procedere ad una schedatura che, prescindendo dal significato dei termini, raccolga attorno a ' visio ' e ' fictio ' le glosse di Benvenuto. A schedatura ultimata si potrà procedere al lavoro di verifica: dal catalogo ottenuto si potranno ricavare i significati che Benvenuto attribuisce ai due termini, ed eventualmente confrontare la sua posizione con quella di altri commentatori trecenteschi, e, quello che più ci interessa, i suoi significati con quelli attribuiti al giorno d'oggi. Solo così, credo, saremo sicuri, parlando di ' fictio ' e ' visio ', di non operare contrabbandi di significato, ma di condurre un discorso che, mantenendo i termini per utilità di riferimento, tenga distinte le accezioni per esattezza.

Date queste premesse, è evidente che dal *Comentum* dovremo estrarre non solo notizie da schedare nell'una o nell'altra casella, ma anche quanto ci può servire per delineare le concezioni psicologiche e poetiche di Benvenuto. Solo così infatti potremo impadronirci della sostanza del suo discorso, e procedere alle necessarie verifiche e specificazioni con quell'esattezza ed elasticità che viene dalla conoscenza del campo di lavoro.

II. Due affermazioni contrastanti.

Ci siamo proposti di radunare le glosse di Benvenuto attorno ai due poli ' visio ' e ' fictio ', e già una lettura frettolosa (prime ed ultime pagine del *Comentum*) pare confermarci nella convinzione che è possibile condurre una lettura allegorica anche mantenendo nei confronti della lettera un atteggiamento che prescinda dalla sua origine. Senza questo atteggiamento non sarebbe infatti ammissibile che Benvenuto ponesse nei punti cruciali del suo commento due affermazioni contrastanti.

Trattando di *Inf.* III, 136 (« E caddi, come l'uom cui sonno piglia ») dice infatti tra l'altro:

> Et adverte, lector, quod autor in isto primo introitu Inferni facit subtiliter istam fictionem, quam sepe faciet alibi; unde similiter quando vult intrare Purgatorium, fingit se obdormisse, et sic dormientem raptum fuisse a quadam aquila; et ita alibi saepe [2].

Quando invece affronterà *Par.* XXXIII, 58 ss., dirà:

> Et hic nota quomodo haec artificiosa comparatio somniantis propriissime declarat intentionem autoris in isto finali capitulo, quia autor totam suam visionem habuit in somnio, sicut ipse testatus est in primo capitulo totius operis, ubi dixit ' temp'era dal principio del mattino ' [3].

---

[2] Vol. I, pp. 132-133.

[3] Vol. V, pag. 516.

Che dire di queste affermazioni? Sicuramente che la posizione di Benvenuto nei confronti del dilemma che ci interessa è tutt'altro che chiara, e che il dilemma da noi proposto non è il suo interesse dominante. La cautela con cui ci siamo avvicinati al *Comentum* appare del tutto giustificata. Possiamo ancora avanzare due ipotesi: la prima è che, rimanendo costanti i concetti di ' visio ' e ' fictio ', sia intervenuta una evoluzione nell'atteggiamento del critico; la seconda è che, rimanendo costante l'atteggiamento, i concetti abbiano subito una evoluzione, o siano stati sin dall'inizio assai contigui ed indefiniti. È pertanto necessario leggere il *Comentum* ' in prospettiva ', e contemporaneamente enucleare le concezioni psicologiche e poetiche di Benvenuto.

III. Schedatura delle glosse alle visioni dantesche.

L'« Inferno ».

Del commento alla prima cantica tre sono i nodi che ci interessano: la visione iniziale, di interesse generale per l'atteggiamento di fondo di Benvenuto nei confronti della *Commedia,* i due sonni ' di passaggio ' tra i canti III-IV e V-VI, interessanti soprattutto per la dinamica psicologica, e, da ultimo, il ' mal sonno ' di Conte Ugolino.

1) *La visione iniziale.*

Primum capitulum potest dividi in quinque partes generales, in prima quarum autor describit visionem unam in qua fingit se reperisse in quadam silva [4].

Così si introduce Benvenuto, e prosegue con un paragone tra la *Commedia* e la *Bibbia,* assimilando la visione dantesca al racconto del *Genesi* e, quindi, all'*Apocalisse*: la visione dantesca avrebbe come movente una specie di ispirazione: quella che ha consentito a Mosé e a Giovanni una visione puntuale, successivamente organizzata in racconto. Il profetismo dantesco viene innalzato al rango del profetismo apocalittico: non racconti ' post factum ', ma racconto di un'unica visione.

---

[4] Vol. I, pag. 21.

Dopo questa introduzione viene affrontata l'interpretazione del primo verso, ed in particolare il commentatore si sofferma su quel ' mezzo ' che le opposte concezioni hanno scelto come discriminante:

> Quod est medium iter nostrae vitae? Dicunt aliqui quod dimidium nostrae vitae est somnus, quia Philosophus dicit primo Ethicorum quod nihil differunt felices a miseris secundum dimidium vitae, et appellat dimidium vitae somnum. Videtur ergo autor velle dicere se habuisse hoc per visionem in somno, sed hoc non valet, quia, ut dicit commentator philosophus, per somnum intelligit ibi quietem: non enim est verum quod homo dormiat medietate temporis [5].

Questo per chi traduce ' mezzo ' con ' sonno '; quanto all'opinione di chi identifica il ' mezzo ' con la notte, Benvenuto se ne sbarazza citando il v. 37: ' Temp'era dal principio del mattino '. Resta l'opinione di chi identifica il ' mezzo ' con l'età di mezzo della vita umana, ed il commentatore l'accetta, precisando che, se Aristotele nel II della *Politica* indica come tale l'età di 30 anni, e se altri sostengono l'età di Cristo e dei risorti (33 anni), Dante intende l'età di 35 anni « sicut ipsemet testatur alibi » [6].

Scartata l'interpretazione onirica, Benvenuto si abbandona alla diligente ricerca delle possibili interpretazioni allegoriche, fedele a quanto aveva già detto nell'introduzione:

> In poemate praeclarissimo nostri autoris immensa atque inexhausta profunditas reperitur, ut de se ipso Dantes dicere possit illud *Eccl.* XXIV: ' In profundum abyssi penetravi, et in fluctibus maris ambulavi '. Hic namque poeta peritissimus, omnium coelestium, terrestrium; et infernorum profunda speculabiter contemplatus, singula quaeque descripsit historice, allegorice, tropologice, anagogice [7].

L'intenzione della *Commedia* sarebbe, dunque, catartica e Benvenuto vi insiste:

> Liber iste supponitur omni parti Philosophiae, et primo Ethicae [8].

Tuttavia, pur escludendo l'interpretazione onirica, il commen-

---

[5] Vol. I, pag. 22.
[6] Vol. I, pag. 24.
[7] Vol. I, pag. 7.
[8] Vol. I, pag. 17.

tatore dimostra di conoscere e condividere le concezioni contemporanee sulle visioni:

> Visiones enim et subtiles imaginationes, ut plurimum, adveniunt in nocte, quando anima magis recolligit se ad se, et est magis semota a curis temporalibus; quo tempore ratio discurrit et considerat quomodo expendiderit tempus suum [9].

Il resto del commento è una serie di interpretazioni allegoriche, in cui scopriamo i vari sensi della selva, del monte e della valle, delle tre belve e del Veltro, di Virgilio e di Beatrice, insomma di ogni parola di Dante. Interessanti sono gli accenni al meccanismo del sonno e del sogno, ma è preferibile raccoglierli con altri analoghi in un capitolo a parte; per concludere questo primo gruppo di citazioni può servire il commento ad *Inf.* II, 6:

> « Che ritrarrà la mente che non erra... » Poetice repraesentabit... quae mens non vacillat per somnia vana, ut jam patuit in praecedenti capitulo [10].

2) *I sonni ' di passaggio '.*

a) dal canto III al canto IV.

> Ideo bene fingit se transivisse per somnum, idest per profundam abstractionem mentis, ita quod exivit extra se ipsum raptus in extasim, viso infelicissimo fine impiorum, qui sine spe videndi unquam coelum vel Deum intrabant aeternam mortem perpetuo cruciandi. Nunc expone sic literam: « finito questo », idest, postquam cognovi a Virgilio, et vidi clare qualis erat via peccatorum et qualis via vitiosorum, statim « la buia campagna », idest obscura riperia Acherontis, « tremò sì forte », idest, immisit in me tantum tremorem et timorem, quod adhuc remanet radicatum in mente mea. Unde dicit: « che la mente », idest memoria, « ancor mi bagna di sudor », quasi dicat, quod quandocumque recordor, totus sudo anxietate et angustia. Ideo dicit: « de lo spavento », ex terrore et timore, quem nunc concepi. Et subdit: « la terra lagrimosa... diede vento », scilicet emisit spiritum in me, « che balenò », idest emisit subito in modum fulgoris, « una luce vermiglia», idest fulgentem claritatem cognitionis, quae illuminavit intellectum meum, ita quod omnino me abstraxit ab istis exterioribus, nam clausit mihi oculos corporales et aperuit mentales. Ideo bene

---

10 Vol. I, pag. 75.
9 Vol. I, pag. 24.

dicit: « la qual mi vinse ciascun sentimento », idest, sopivit in me omnes sensus corporis, et removit me ab omnibus sensibilibus. Et facit finem huic materiae et capitulo dicens: « e caddi come l'uom cui sonno piglia », idest, cecidi quasi somnolentus et dedi me quieti, et cessavi ab omnibus operibus exterioribus [11].

b) dal canto V al canto VI.

Nel commento relativo a questo passo vi è una sola glossa degna di rilievo:

Et hic nota quod illud quod autor fingit accidisse sibi nunc, acciderat sibi de facto in vita, dum esset amoratus de Beatrice. Cum semel enim de industria accessisset ad quoddam convivium ubi erat Beatrix, et ascenderet per scalas, subito illa a casu occurrit sibi, ex quo iuvenis cecidit semivivus et asportatus super lecto aliquandiu stetit sine usu sensuum, et considera quotiens autor ostendit se passionatum in hoc capitulo, quia ultra modum fuit diu inviscatus isto morbo » [12].

3) *I risvegli.*

Lasciando alcuni passi ad una trattazione più specifica, riferisco due brani del commento letterale:

a) i due tramortimenti di *Inf.* III e *Inf.* V.

Nunc ergo dicit autor: « un grande trono », idest terribilis sonus, « ruppemi l'alto sonno », idest excitavit mihi profundam speculationem vel quietem, «nella testa », idest fanthasia mea, « sì ch'io mi riscossi », idest recuperavi sensum, et evigilavi, per simile, « come persona che per forza è desta », idest excitata violenter, sicut a simili videmus de facto, quod quis fixe dormiens in camera aliquando excitatur totus territus violentia immensi soni, sicut tonitrui, vel crepitus, qui vulgariter appellatur bombarda [13].

« Al tornar de la mente », scilicet resumpta speculatione mentali quae fuerat interrupta ex compassione afflictiva duorum amantium, « che se chiuse », idest quae fuit clausa et confusa » [14].

---

[11] Vol. I, pag. 132.
[12] Vol. I, pag. 216.
[13] Vol. I, pp. 134-135.
[14] Vol. I, pag. 218.

b) il « mal sonno » del Conte Ugolino.

Il protagonista del sogno non è qui Dante, e Benvenuto, forse ritenendosi al riparo dal dilemma « visio »-« fictio », tratta la materia con molta indulgenza:

Idest somnium in quo mens mea praesaga futuri mali fuit; unde dicit: « che del futuro mi squarciò il velame », idest, aperuit et detexit mihi futurum eventum; nam futura praesciri non possunt, et tamen visus sum mihi certissime videre mala, quae parabantur mihi per illas canes famelicas. Hic comes narrat formam ipsius somnii. Ad cuius intelligentiam volo te breviter scire, quod comes, dum vivebat, ante eius ruinam, videbatur videre in somnio, quod ipso florente et regnante, Archiepiscopus Rogerius tollebatur in dominum super alios magnates ghibellinos de Pisis [15].

Non si pronuncia, perché la questione gli pare marginale, sulla verità del sonno di Ugolino, e lascia il dubbio insoluto:

Et hic nota, lector, quod si verum fuit quod comes sic somniaverit, mirabile somnium fuit; si non sit verum, pulcram fictionem facit autor valde convenientem facto. Non enim possumus scire veritatem huius facti, quia comes inclusus nulli locutus est postes et mortuus est [16].

Argomentazione ingenua o tratto ironico nei confronti dei polemisti di ambo i fronti? Vedremo alla fine della ricerca quale valore spetta a questa affermazione. Ancora accomodante è il commento al risveglio:

Idest cum evigilassem hora matutina, qua solent fieri somnia magis vera, sicut modo istud somnium vel factum vel fictum nimis verum fuit [17].

Il « Purgatorio ».

Per raccogliere le citazioni dal commento alla seconda cantica, ci serviremo di uno schema così costituito: la prima notte: Lucia; le visioni attorno al canto di Marco Lombardo; la « Femmina Balba »: seconda notte. Lia: terza notte. Il dramma liturgico nel Paradiso Terrestre.

---

[15] Vol. I, pag. 528.
[16] Vol. I, pag. 529.
[17] Vol. I, pag. 529.

1) *La prima notte* (Canto IX).

Et breviter vult dicere, quod cum dormisset ad sufficientiam secundum suam naturam et consuetudinem habuit unam visionem circa auroram diei quando solent plus fieri somnia vera [18].

Dopo questa semplicistica parafrasi Benvenuto si sofferma a rilevare il perfetto parallelismo esistente tra l'allegoria dantesca ed i miti originari di Ganimede, Filomela ed Achille, riportando passo passo la narrazione agli intenti danteschi:

Et hic nota attente quantum poeta noster scivit figmenta aliorum poetarum ducere ad suum propositum. Vere enim non posset inveniri comparatio magis propria huic facto [19].

Il racconto di Virgilio è definito:

Interpretationem claram sui mirabilis somnii factam a Virgilio [20].

Per quanto riguarda la tecnica del risveglio, Benvenuto annota:

Et primo praemittit suam evigilationem quam egregie describit per unam comparationem nobilissimam [21].

Al verso 70 il commento sembra ripetere l'avvertimento dato nel commento ad *Inf.* III, 136 (cfr. sopra):

« Lettor tu vedi ben... » et quia jam fecit pulcras et artificiosas fictiones, et facturus est alias in ista materia, ideo reddit auditorem attentum ad sequentia, magnificans processum suum. Unde dicit: « O lettor, tu vedi ben », idest faciliter videre debes et potes ex jam dictis, « com'io innalzo », idest exalto, « la mia materia », secundum quod altius ascendo per montem, « e però non ti maravigliar s'io la rincalzo », idest, suffulcio et munio, « con più arte », scilicet, fictionibus magis artificiosis et sententiosis [22].

---

[18] Vol. III, pag. 248.
[19] Vol. III, pag. 252.
[20] Vol. III, pag. 253.
[21] Vol. III, pag. 253.
[22] Vol. III, pag. 263.

2) *Le visioni attorno al canto di Marco Lombardo.*

Et continuo clausi oculos et obdormivi. Unde dicit: « ivi », in introitu circuli, « mi parve esser tratto di subito », ex insperato, « in una visione estatica », idest, abstractiva [23].

Trattando poi delle visioni successive, il critico le considera altrettanti ' exempla ':

Hic poeta, posito exemplo clementiae viri peccatoris, adducit exemplum viri sancti, scilicet, Stephani protomartyris [24].

Interessante è il commento a *Purg.* XV, 115 (« Quando l'anima mia tornò di fuori »)

Ista est... pars... in qua poeta noster describit interpretationem suae visionis; et primo ostendit qualiter ipse excitatus recognovit suam veram visionem. Dicit ergo: « Quando l'anima mia », quae prius erat tota collecta interius et abstracta, « tornò di fuori alle cose che son fuor di lei vere », quasi dicat, ad sensibilia, quia prius viderat imaginaria, « riconobbi i miei non falsi errori ». Ista litera videtur multis obscura; sed poeta vult sententialiter dicere, quod licet non esset verum eum sic videre illa prout sibi videbatur videre, nihilominus verum erat ea fuisse ita vera, sicut visum fuerat sibi videre in illa visione extatica. Vult ergo dicere: recognovi veram visionem meam statim cum evigilavi [25].

Quanto poi al dialogo tra Dante e Virgilio, dopo il risveglio, Benvenuto nota:

Et hic nota quod poeta noster subtiliter fecit istam fictionem: fingit enim se ita fessum et fatigatum ista visione, qua debebat potius esse vigoratus contra impetum irae, ut per hoc det intelligi... quod ira est dulcior melle distillante [26].

Come al solito Virgilio ' interpreta ' la visione dantesca:

Sententialiter Virgilius vult dicere quod non petivit propter illud propter quod petit ille qui videt tantum cum oculo corporali, sed propter illud propter quod petit ille qui videt tantum cum oculo spirituali [27].

Il concetto di ' exemplum ' ritorna a proposito del secondo gruppo di visioni, quelle del canto XVII:

---

[23] Vol. III, pag. 412.
[24] Vol. III, pag. 416.
[25] Vol. III, pag. 418.
[26] Vol. III, pag. 419.
[27] Vol. III, pag. 420.

« Dell' empiezza ». Nunc poeta ostendit per tria exempla qualiter in forti imaginatione sua viderit tres effectus irae, unum malum, alterum peiorem, tertium pessimum... figura... mulieris Progne... « apparve nell'imagine mia », idest in imaginativa. Et hic nota, quod huius fabulae, quae posita est plene supra capitulo IX, allegoria est etc. Et subdit quod ex ista imaginatione abstractus est fortius in aliam, dicens: « quivi », in ista imaginatione prima, « la mente mia fu sì ristretta », idest, tam fortiter abstracta, « dentro da se, che cosa che fosse allor ricetta da lei », idest quod res quae reciperetur tunc ab ea per imaginationem, « non venìa di fuor », scilicet, a sensibus [28].

Altra glossa interessante si trova nel commento al risveglio:

Et primo ostendit quomodo excitatus sit a profundo somno per unam nobilem comparationem; et vult sententialiter dicere, quod accidit nunc sibi sicut dormienti fixe in camera, qui, superveniente forti splendore solis per fenestram, et percutiente in faciem suam, subito excitatur .. Dicit ergo: « come si frange... il sonno... così, a simili, l'imaginar mio », idest, imaginatio et abstractio fortis ad modum somni [29].

3) *La « Femmina Balba »: seconda notte.* (Canto XIX).

Lasciando ad un paragrafo successivo la trattazione del commento relativo all'introduzione al sogno della « Femmina Balba », riporto qui i passi di Benvenuto che si rifanno al sogno vero e proprio.

Dico quod poeta describit somnium suum, et quia semper somniat circa auroram quando fiunt somnia vera, ideo primo describit horam temporis... Et ad declarationem literae volo te scire, quod poeta noster per istud mirabile somnium praefigurat materiam de qua tractaturus est... Nota ergo profundam fictionem poetae: nam per istam mulierem... poeta figuraliter repraesentat nobis illecebram et voluptatem mundanam [30].

Può servire anche una nota alla metamorfosi della « Femmina Balba »:

Talis, inquam, mulier, « mi venne in sogno », hoc est propter abstractionem mentis, dedit se ad considerandum quid esset ipsa voluptas, et vidit

---

[28] Vol. III, pp. 455-456.

[29] Vol. III, pag. 460.

[30] Vol. III, pp. 496-498.

quod realiter erat talis si bene inspicitur... Per quod dat intelligi quod infirmitas humani visus facit illam videri pulcram quae non est [31].

Dopo una digressione di carattere allegorico, il commento prosegue secondo lo schema consueto, trattando del risveglio:

Ideo concludit somnium, « quel mi svegliò », idest, excitavit me dormientem, « col puzzo che n'uscìa ». O quam bene, quam pulcre dicit iste honestus et verax poeta [32].

4) *Lia*: *terza notte*. (Canto XXVII).

Tra la narrazione del secondo e del terzo sogno purgatoriale il commento di Benvenuto presenta alcuni passi interessanti, soprattutto riguardo al canto XXV, in cui Stazio parla della generazione: le glosse di Benvenuto a questo riguardo ci serviranno in seguito per delineare un quadro delle concezioni psicologiche dell'autore. Passiamo ora a riferire i commenti al sogno di Lia; il procedere è quello consueto: introduzione, sogno, risveglio, interpretazione:

Unde subdit: « il sonno mi prese...; il sonno, dico, che sovente... sa le novelle anzi che 'l fatto sia »; quia poeta in isto somno fecit somnium verum super re certa et praecogitata, cum deflorasset ex altis apicibus pulcriores ex quibus contexeret novam materiam. « Nell'ora ». Nunc poeta describit ipsum somnium, in quo fingit se vidisse mulierem pulcram et pudicam canentem [33].

Et describit horam qua habuit istam veram visionem, scilicet auroram diei; et vult dicere sententialiter quod nunc erat illa hora quam primo descripsit in principio Purgatorii [34].

Questo è quanto ci può interessare; il commento prosegue rilevando come il risveglio sia descritto con abilità e naturalezza, e con l'esplicita identificazione di questa Lia con la Matelda del canto XXVIII, immagini della stessa persona storica, la contessa Matilde di Canossa; nel canto XXVIII Dante:

---

[31] Vol. III, pag. 499.
[32] Vol. III, pag. 502.
[33] Vol. III, pag. 151.
[34] Vol. III, pag. 154.

Ostendit se videre de facto illam dominam, quam superius finxerat se vidisse in somno in eodem habitu et actu [35].

5) *Il dramma liturgico nel Paradiso Terrestre.*

Mi ero illuso di poter sorprendere Benvenuto in questa parte del suo commento, credendo che si fosse lasciato andare a qualche affermazione decisa, riguardo al dilemma che ci interessa, in un contesto che non è stato il terreno preferito per lo scontro delle opposte parti, nonostante la ricchezza dei dati presenti. Invece proprio questa ricchezza, e l'interesse quasi esclusivo di Benvenuto per l'allegoria, fanno delle pagine dedicate al commento del dramma liturgico una vera orgia di virtuosismo interpretativo: non ho trovato cenni utili al nostro assunto.

Il « Paradiso ».

Nel commento al *Paradiso* i passi che ci interessano maggiormente, senza escludere altri, sono le glosse al canto I e quelle che spiegano la visione finale.

1) *Il canto I.*

« Nel ciel ». Hic autor praemissa maxima universalissima, proponit ipsam materiam nobilem et mirabilem; profitetur enim se fuisse in coelo cum adhuc viveret in carne, et vidisse ea quae impossibile est referre hominibus [36].

Questa è la tesi di Benvenuto; egli si sente in dovere di fare una sola precisazione:

« Io... Fu' nel cielo », scilicet, mentaliter, non corporaliter [37].

Interessante anche il successivo paragone con S. Paolo:

---

[35] Vol. III, pag. 154.
[36] Vol. IV, pag. 295.
[37] Vol. IV, pag. 295.

Sicut accidit Paulo, qui raptus vidit multa quorum oblitus est cum rediisset ad carnem. Et reddit rationem sui dicti probans demonstrative quare hoc fieri non possit, quia scilicet intellectus plus videt et cognoscit, quam memoria meminisse possit; unde dicit: « perché nostro intelletto », scilicet, humanus animae rationalis qui est separatus a corpore... « appressando sé al suo disire... si profonda tanto », idest, figitur tantum ad intra, « che retro la memoria non può ire », non potest sequi ipsum intellectum [38].

Se questa citazione ci sembra orientata piuttosto in direzione della ' visio ', poco dopo, il commento all'' ombra del beato regno ' tende nella direzione opposta:

« L'ombra del tuo regno », scilicet, coelestis, et notanter dicit umbram, quia veram essentiam nec scit nec potest referre [39].

L'incertezza continua nei passi successivi:

Et hic nota quod autor non immerito fingit se non recordari suae mirabilis transmutationis, quoniam, ut bene ait Augustinus, sicut stilla aquae multo infusa vino deficere in se tota videtur, dum saporem vini induit et colorem; sic hominis affectio quodam ineffabili modo liquescens transfunditur penitus in Dei amorem, et quodam quasi modo oblitus sui per caelestes speras mentaliter scandens ad aeternum Regnum perduci festinatur, mente jam ebria suavitate gratiae infusae [40].

Ed il commento chiude in maniera sorprendente:

Quid mirum, inquam, si divinus hic poeta tanto cursu promissum bravium properanter petebat? ad quod nos tandem pervenire dignetur qui autorem viventem per omnes regiones coli ad se trahere dignatus. Amen [41].

2) *La visione finale.* (Canti XXX-XXXIII).

Il primo interesse di Benvenuto sono gli effetti della grazia divina sulla ' vista ' di Dante:

---

38 Vol. IV, pag. 295.
39 Vol. IV, pag. 304.
40 Vol. IV, pag. 319.
41 Vol. IV, pag. 334.

Paullatim perdidit conspectum angelicorum spirituum a minus lucentibus ad magis lucentes, donec divina lux superveniens superexcessit, ita quod nihil apparebat praeter ipsam: unde subdit: « Perché nulla veder », quia scilicet nihil videbat amplius de natura angelica ibi, et amor, scilicet Beatricis, « mi costrinse a tornar con gli occhi », idest, speculatione intellectuali, « a Beatrice » [42].

Beatrice è, infatti, la teologia, il cui soccorso è necessario per cantare il Paradiso. Ecco il commento al c. XXX, 46 ss.:

« Come ». Hic autor ostendit quomodo lux divina superveniens subito circumclusit eum ad videndum, et vigoravit et disposuit eum ad divinam gratiam, per unam comparationem propriam et expressivam talis actus [43].

Ancora sugli effetti della illuminazione divina si sofferma il commento nei passi dedicati ai vv. 55 ss.:

« Queste brevi parole », scilicet, dicta per Beatricem, « non fur venute più tosto dentro a me, ch'io compresi me sormontare », idest, me supercrescere ...ultra virtutem solitam... Unde subdit: « e di novella vista mi raccesi », quia resumpsi acutiorem et fortiorem visum... « E vidi ». Hic autor describit paradisum transumptive; et sua alta et nobilis phantasia fingit se unum lumen in modum fluminis decurrentis inter duas ripas floridas, et ex flumine saltabant ardentes favillae... Ad cuius fictionis evidentiam est praenotandum, quod aliqui vana somniantes ignoranter dixerunt, quod autor hic figurat coelum crystallinum (segue la confutazione n.d.r.)... ideo dico quod per istud lumen decurrens ad modum fluminis autor figuraliter manifestat divinam gratiam [44].

In seguito Benvenuto fa sue sia la risposta di Beatrice, sia la tacita obiezione di Dante:

« Ombriferi prefazii », quasi dicat, sunt praefigurativi et significativi, « di lor vero », idest, eorum propriae et verae essentiae... Et respondet quaestioni tacitae, quia enim autor posset obiicere: ista divina occulta ostenduntur hominibus in terra sub figura et velamine, sed hic in summo coelo apud summam lucem deberent ostendi clare... (il commento alla risposta di Beatrice è privo di sovrasensi allegorici n.d.r.)... ratione infirmae virtutis tuae visivae [45].

---

[42] Vol. IV, pag. 445.

[43] Vol. IV, pag. 450.

[44] Vol. IV, pag. 451.

[45] Vol. IV, pag. 454.

Sempre su questa linea Benvenuto commenta gli effetti dell'onda:

« E sì come ». Hic autor describit effectum illius potationis et efficaciam illius aquae, quae vigoravit virtutem visivam ad videnda praedicta in propria forma et vera essentia [46].

Di che natura è l'acqua cui Dante si accosta?

Aqua quae non bibitur nisi oculis intellectualibus, intelligas [47].

Verso la fine del canto XXX il commentatore si rivolge a considerare le metamorfosi delle figure viste da Dante:

« Poi ». Hic autor declarata mutatione fluminis, declarat mutationem florum et favillarum per unam comparationem propriam, et breviter vult dicere quod accidit de istis sicut de hominibus, qui aliquandiu portaverunt larvas sub quibus non cognoscebantur [48].

Ai vv. 100-102 il commento annota:

« Quia aliud non est Paradisus nisi videre Deum; vult ergo in effectu dicere, quod lumen divinae gratiae disposuit spiritum beatum et angelicum ad videndum quantum placet ipsi Creatori videri per ipsam creaturam [49].

Iniziando il commento al canto XXXI Benvenuto premette una considerazione di carattere vagamente pedagogico:

Et ad intelligendum clare istam literam continuativam est praenotandum, quod sicut patuit in praecedenti capitulo autor noster vidit gloriam paradisi ex longa fieri rotundam, non quia prius esset aliter quam postea, sed quia longa figura pluribus est nota, sed nulla est tam perfecta nec adeo capax sicut rotunda; ideo autor descripturus paradisum incoepit a notioribus, sicut docet Philosophus in principio Physicorum [50].

Ecco il commento alla ' candida rosa ':

Et hic nota quod autor subtiliter figuravit paradisum in forma rosae, quia illa lux divina quae facit ipsum coelum empyreum procedit ab ipso

---

[46] Vol. IV, pag. 455.
[47] Vol. IV, pag. 455.
[48] Vol. IV, pag. 457.
[49] Vol. IV, pag. 457.
[50] Vol. IV, pag. 465.

puncto Deo qui est trinus et unus. Rosa namque, sicut per se patet, habet in se tria, scilicet, substantiam, colorem, odorem; et tamen est una rosa et non plures divisae; ita trinitas... [51].

Ed ecco il commento alla silenziosa contemplazione di Dante:

Si ergo Dantes jam se levaverat super suam naturam, ut patuit capitulo praecedenti, ideo bene nunc tacens contemplatur et orat; vel melius hoc fingit, ut ostendat suam intensam aviditatem adversus Beatricem [52].

ed all'apparizione di S. Bernardo:

Nunc autem ascensurus ad tribunal aeterni regis non fidit nec praesumit posse pervenire ad illud nisi mediante intercessione Mariae: ideo elegantissime introducit beatum Bernardum [53].

Ma la nota più importante, quella da cui trarrà spunto un successivo paragrafo specifico di questa ricerca, si trova nel commento al canto XXXII:

Et nota quod artificialiter autor describit excellentissimam gloriam Mariae; nam sicut patet in toto isto libro Paradisi autor descripsit mirabiliter gloriam et beatitudinem beatorum angelorum et Beatricis in speciali et generali multifariam, multisque modis, cum nobilissimis comparationibus, coloribus, metaphoris et exemplis. Nunc vero dicit quod quidquid vidit hactenus per totum non obstupefecit eum in tantum, nec fuit dignum tanta admiratione, sicut gloria Mariae [54].

Il commento al canto XXXIII presenta, sommerse nella ricchezza delle interpretazioni allegoriche, note di importanza decisiva. Ad esempio, al v. 54:

Et hic nota quod huiusmodi visio, postquam trascendit terminos naturales et tendet in divinam essentiam, potest dici raptus, qui fit in autore virtute divina [55].

Una seconda importantissima glossa si trova in margine ai vv. 58 ss.:

---

[51] Vol. IV, pag. 466.
[52] Vol. IV, pag. 475.
[53] Vol. IV, pag. 478.
[54] Vol. IV, pag. 498.
[55] Vol. IV, pag. 515.

« Quale ». Hic describit confusam memoriam suae visionis per unam comparationem subtillimam et sumarie vult dicere quod nunc accidit sibi sicut aliquando somnianti qui videt in somnio unam mirabilissimam visionem... deinde evigilans bene recordatur se habuisse visionem delectabilissimam; sed non potest meminisse specialem formam eius, et tamen memoria illius visionis confusa parit summam dulcedinem in animo eius [56].

Segue poi il passo già citato in apertura:

Et hic nota quomodo haec artificiosa comparatio somniantis propriissime declarat intentionem autoris in isto finali capitulo, quia autor totam suam visionem habuit in somnio, sicut ipse testatus est in primo capitulo totius operis, ubi dixit: « temp'era dal principio del mattino [57].

Quanto al ' raptus ' poco fa menzionato, si ritrova qui una citazione, che però non ne spiega la dinamica:

Ita autor post raptum suum reversus ad se perdidit memoriam eorum quae viderat tempore raptus [58].

Il resto del commento non presenta glosse di interesse specifico per questa schedatura, ma è ricco di annotazioni sulla concezione psicologica di Benvenuto, che riprenderemo a suo tempo.

IV. Risultati della schedatura.

1) *Prime conclusioni. Contraddizione?*

In apertura avevamo riportato due affermazioni contrastanti: la nostra prima impressione non può non uscire rafforzata dal lavoro di schedatura or ora concluso: i due termini ' visio ' e ' fictio ' raccolgono attorno a sé gruppi di citazioni pari per quantità ed importanza. Crescono pertanto di urgenza le ipotesi che avevamo a suo tempo formulato, e la schedatura ci offre copioso materiale per chiarirle e verificarle.

Scorrendo il nostro catalogo, troviamo sotto la voce ' visio ' termini come ' somnium ', ' visio ', ' extasis ', ' raptus ', ben distinti

---

[56] Vol. IV, pag. 516.
[57] Cfr. nota 3.
[58] Vol. IV, pag. 517.

per significato, cioè per impiego. Sotto la voce ' fictio ' dovremmo registrare i termini ' fingere ', ' describere ', accompagnati da avverbi come ' artificialiter ', ' subtiliter ', ed altri termini come ' figmentum ', ' color ', ' metaphora ', ' exemplum ', impiegati però con minore rigorosità e proprietà, tanto che ' fingere ' e ' describere ', di gran lunga i più frequenti, sono usati talora in contesti che a noi paiono incompatibili, del tipo:

> In somno fecit mirabile somnium quod describitur mirabili arte capitulo sequenti; et per istud somnium poeta dat intelligi profundam abstractionem mentis, per quam fecit altam fictionem, ut statim sequitur [59].
> Nunc poeta describit ipsum somnium, in quo fingit se vidisse... [60].

A questo punto riesaminiamo le nostre ipotesi.

2) *Benvenuto avverte il dilemma ' fictio '-' visio '.*

La presenza dei due termini, e della problematica annessa, non si può disconoscere; resta, però, da verificare in che misura il dilemma sia approfondito, se sia avviata una soluzione, e quale. Da un semplice computo risulta che lo spazio riservato a questo dilemma è esiguo, e dalla lettura risulta altresì una contraddizione, almeno apparente: pare che il problema, superficialmente impostato, sia da Benvenuto avviato in ambedue le direzioni possibili.

3) *Interesse precipuo di Benvenuto è l'allegoria.*

Il computo dei passi dedicati all'interpretazione allegorica del Poema Sacro ci conferma in questa convinzione: tranne i passi citati nella schedatura, il commento di Benvenuto è tutto un susseguirsi di sensi e sovrasensi ricercati ed esposti con perizia consumata. Notiamo però che i ' figmenta ' cui il commentatore trecentesco si applica hanno una origine ambigua:

> Sua alta et nobili phantasia fingit se unum lumen... [61].

---

[59] Vol. III, pag. 495.
[60] Cfr. nota 33.
[61] Cfr. nota 44.

Ma quale è lo status in cui si esplica tale attività? Nel commento al risveglio di Dante dopo il sogno della « Femmina Balba » si dice:

Surge, quia satis dormisti et phantasiasti [62].

Ma dopo questo cenno riprende il commento allegorico. L'ipotesi va dunque chiarita nel senso che, se l'allegoria è il primo interesse di Benvenuto, non è che egli si disinteressi dell'origine della ' litera ' che va glossando, ché anzi su di essa abbozza una sua teoria. Quale essa sia, resta ancora da precisare.

4) *I concetti di ' visio ' e ' fictio ' restano costanti nel corso del « Comentum »; cambia l'atteggiamento di Benvenuto nei confronti del problema.*

Sarebbe possibile pensare che da un capo all'altro di un commento tanto esteso l'atteggiamento dell'autore subisca delle modifiche: e pare anche alla lettura che, avvicinandosi al *Paradiso,* Benvenuto dia più credito all'opinione di chi sostiene la ' visio ', mentre pare che la escluda recisamente nei primi tratti del commento all'*Inferno.* Questa ipotesi si rivela però insostenibile, e gli argomenti che potrebbero sostenerla servono a confutarla: basti rilevare che alla fine del commento al *Paradiso* Benvenuto si rifà esplicitamente all'inizio del suo commento all'*Inferno*, sostenendo quindi la continuità ed identità dei concetti che informano tutta la sua opera. Sarebbe suggestivo pensare ad un commentatore convinto all'ipotesi della visione dalla forza stessa del poema dantesco, ma non è il caso di Benvenuto.

5) *L'atteggiamento di Benvenuto rimane costante; cambia l'accezione dei termini.*

Esclusa l'ipotesi precedente, verrebbe fatto di pensare che questa sia necessariamente valida; date le apparenti (almeno) contrad-

---

[62] Vol. IV, pag. 503.

dizioni, e dato l'atteggiamento costante del commentatore, la spiegazione sembra debba essere ricercata in una flessione di significati. Eppure non è così: Benvenuto ha chiara coscienza di quello che si intende con i termini in questione: rivediamo la conclusione della glossa al sogno di Conte Ugolino:

> Si verum fuit quod comes sic somniaverit, mirabile somnium fuit; si non sit verum, pulcram fictionem facit autor valde convenientem facto [63].

6) *Proposta: avvio allo studio della psicologia e della poetica secondo Benvenuto.*

Riassumendo questi primi risultati, delle ipotesi esaminate restano valide la prima e la seconda, con alcune riserve, e parte delle due ultime. Cerchiamo ora una formulazione che le unifichi, fissando quanto abbiamo verificato. Si potrebbe dire:

— Benvenuto si interessa soprattutto all'interpretazione allegorica;

— si interessa anche, sia pure incidentalmente, dell'origine delle allegorie che va spiegando;

— il dilemma ' visio '-' fictio ' è avvertito, e ne è data una soluzione non del tutto chiara;

— l'atteggiamento di Benvenuto verso Dante rimane costante, come costanti rimangono i significati di ' visio ' e ' fictio ';

— la contraddizione che ciononostante si rileva deve essere apparente.

A questo punto il nostro lavoro successivo può già dirsi impostato: ci rimane, cioè, da chiarire quale sia la soluzione data da Benvenuto al dilemma, e quale sia la natura della contraddizione che abbiamo trovato. Si impone pertanto un esame dei termini ' visio ' e ' fictio ', all'interno rispettivamente della psicologia e della poetica del commentatore.

---

[63] Cfr. nota 16.

V. La ' visio ': psicologia.

1) *L'anima umana e le sue facoltà.*

Sotto il titolo, alquanto ampio e pretenzioso, di ' Psicologia ', riunirò qui quei passi del commento che trattano dell'anima umana e del meccanismo di sogno-visione, quelli che cioè ci interessano per l'intelligenza del termine ' visio ' e per la conoscenza di quel sottofondo comune (la già citata ' phantasia ') da cui provengono tanto la visione quanto l'attività poetica. Nel commento ad *Inf.* I, 10 Benvenuto, partendo dalla sua interpretazione allegorica, si trova costretto a dare una teoria sul sonno, e con ciò sull'anima; infatti il sonno:

> Potest tripliciter considerari: primo, secundum opinionem Platonis, qui volebat quod anima, creata ab aeterno, veniret a stellis ad ipsum corpus, quando erat debite organatum in utero mulieris, et tunc oblivisceretur omnium, quae sciebat, cum prius esset omnia sciens; et sic oblivio potest dici somnium. Alio modo secundum Aristotelem, qui dicit in libro de Anima, quod anima a principio est tanquam tabella rasa, in qua nihil est depictum; unde ipse autor Purgatorii Cap. XVI dicit: « l'anima semplicetta che sa nulla »: et sic ignorantia potest dici somnus. Tertio, secundum Augustinum et alios theologos anima creatur in instanti a Deo quando infunditur in corpus conceptum turpiter, et talis somnus est peccatum: unde Phopheta: ' ecce enim in iniquitatibus conceptus sum, et in peccatis concepit me mater mea '. Ad propositum ergo ante vult dicere: non quaeras quomodo intraverim istam sylvam, idest viam viciorum, quia omnes nascuntur mali: immo, antequam nascamur, sumus in ignorantia et peccato; ideo non possum reminisci primi introitus [64].

Altro passo si trova nel commento alla discussione di Stazio sulla generazione (*Purg.* XXV):

> Et ad intelligendam literam est primo notandum, quod potentiarum animae quaedam sunt propriae passiones sine corpore, sicut intellectus, voluntas, et ratio; alia accidentia sunt communia sibi et corpori: et istorum accidentium aliqua passio est quae incipit ab anima et expletur per corpus, sicut visus et auditus, et omnis sensus et vegetatio: alia incipit a corpore et redundat ad animam, ut somnus et vigilia, quae incipit ab evaporatione cibi, et efficitur ligamentum, vel solutio virtutum animae; et

[64] Vol. I, pag. 27.

omnes tales passiones communes evanescunt cum fit separatio animae a corpore; primae vero quae sunt propriae fiunt liberiores solutae ergastulo amarissimae servitutis [65].

Nella nota al tanto discusso ' trasumanar ' di *Par.* I, 70 Benvenuto espone una interessante dottrina sulla funzione dell'anima:

> Hic poeta superextollit hanc suam mirabilem transmutationem, quae non potest sermone explicari, nec dari alteri intelligi; et ad huius literae satis obscurae declarationem est primo praesupponendum, quod nullum animal in rerum natura tantum recedit et elongatur a natura sua, quantum homo in bonum et in malum. Homo enim de sui natura est perfectissimus animalium, et perfectissimum corpus hominis invenitur proportionatum coelo et mundo: ideo solus homo, ut inquit Hermes, est nexus Dei et mundi, eo quod intellectum divinum in se habet, per quem aliquando elevatur supra mundum; unde homo perseverans in culmine mentis trahit ad se corpus et mundum, quia anima nata est principari corpori et mundo, et naturalis ordo est quod anima contineat corpus ne dissolvatur: sic nunc poeta noster per contemplationem stans in terra erat in coelo [66].

Vediamo ora di enucleare dalle citazioni riportate un discorso unitario e chiaro quanto possibile circa la natura dell'anima secondo Benvenuto. Tralasciando le discussioni più sottili, pare di poter dire:

— l'anima è una sostanza, come il corpo: le ' potentiae animae ', o facoltà, sono degli accidenti, in parte propri dell'anima, in parte in comune col corpo, da cui iniziano od in cui terminano la loro azione;

— lo stato originario dell'anima è ' ignorantia et peccatum ': ad un certo punto dell'esistenza l'uomo prende coscienza di questi stati (vedi più avanti, nota 67): non è questo il momento della prima entrata nella selva, ma il momento in cui Dante vi si ' ritrova ';

— l'anima ha la funzione di ' principari corpori et mundo ', in quanto ' intellectum divinum in se habet ', deve ' continere corpus '; senza questa sua azione le ' passiones communes ' vengono a cessare: se invece l'anima assolve la sua funzione ' homo perseverans in culmine mentis trahit ad se corpus et mundum ';

— l'anima umana ha il potere di rendere l'uomo ' nexus Dei

[65] Vol. III, pag. 107.
[66] Vol. IV, pag. 317.

et mundi ', incontro di spirituale e materiale, ma l'uomo ' recedit et elongatur a natura sua ', cioè di composto, a seconda della preponderanza di uno dei due componenti.

Questi sono i concetti che animano le glosse di Benvenuto all'entrata nella selva oscura:

Nunc ordina literam sic: « Io non so ben ridir », idest referre, « com'io v'entrai », scilicet in ipsam silvam tam asperam. Et ecce quare ego nescio; quia « tanto era pien di sonno », idest adeo eram plenus somno ignorantiae, et dicit « a quel punto », idest tempore adolescentiae, « che », idest, in quo puncto « la verace via abbandonai », idest quando deserui viam virtutum [67].

Unde nota hic quod homo e principio vitae ambulat cum somno ignorantiae et peccati usque ad tempus adolescentiae, sed non meretur nec demeretur, quia nondum habet usum liberi arbitrii; sed adveniente tempore adolescentiae invenit bivium, et tunc imminet magnum periculum ne divertat ad sinistram potius quam ad dexteram; facilius enim declinat ad sinistram, quia assuetus delectationibus sensibilibus, quasi ratione sopita, relinquit viam rectam virtutum et vagatur per abrupta viciorum [68].

Fissiamo ora alcuni punti circa le facoltà dell'anima, riservandoci di approfondire l'argomento con altre citazioni:

— l'anima ha due tipi di ' potentiae '; le une sono proprie dell'anima e non comunicano col corpo ' sicut intellectus, voluntas, et ratio '; le altre comunicano con il corpo;

— queste ultime hanno due direzioni: alcune ' sicut visus et auditus, et omnis sensus et vegetatio ' hanno il loro inizio nell'anima e si effettuano a mezzo del corpo; altre ' ut somnus et vigilia ' (cioè l'addormentarsi e lo svegliarsi) iniziano dal corpo ed influenzano l'anima;

— il ' somnus ' e la ' vigilia ' producono rispettivamente ' ligamentum, vel solutio virtutum animae '.

È necessario a questo punto ricercare nel *Comentum* altre note, che ci illuminino sulla natura delle facoltà dell'anima. Commentando *Inf.* 1,30 (« Sì che 'l pié fermo sempre era il più basso »), con un procedimento che abbiamo già osservato Benvenuto è costretto dal

[67] Vol. I, pag. 27.
[68] Vol. I, pp. 28-29.

suo gusto per l'allegoria a dare spiegazioni per noi utilissime: il piede del poeta è l'amore (che il più basso piede sia il più stabile significa che l'amore del poeta era rivolto più al mondo che a Dio):

Amor enim est pes quo anima graditur, unde ipsemet autor Purgatorii Cap. XVIII loquens de amore dicit: « e l'anima non va con altro piede » [69].

Di importanza capitale sono poi le pagine dedicate al commento di *Purg.* XVII, 13 sgg. (' O imaginativa, che ne rube... '):

Nunc poeta volens describere unam visionem in qua vidit ceteros effectus irae, ex admiratione primo exclamat super forti imaginatione, quae interdum vindicat totam animam sibi. Dicit ergo admirative: « o », adverbium est adiurantis, « imaginativa che ne rube », idest, quae derobas nos et praedaris, « talvolta sì di fuor », removens ab omnibus sensibus exterioribus, « ch'uom non s'accorge, perché d'intorno suonin mille tube », quasi dicat, quod homo non audit instrumenta musica sonora, solentia multum excitare auditum; et ita non videt mille mulieres formosas, licet transeant ante oculos eius, et ita de aliis. Ideo merito petit de tam mirabili abxtractione, dicens, « chi muovea te, se 'l senso non ti porge? » idest confert motui tuo? quasi dicat: cum imaginatio non sit sine sensu, quid movebat te nunc? Et continuo respondet sibi ipsi, dicens: « muoveati lume », idest influentia coeli, per se, scilicet ex natura coeli quod initiat motus nostros, ut jam dixi capitulo praecedenti; « o per voler che giù lo scorge », idest vel a voluntate divina, quae transmittit ipsum lumen ad hominem sine medio coeli; quasi dicat: haec talis imaginatio movetur a coelesti lumine per se formato, vel a Deo transmisso [70].

Per chiarire ancora la natura di questa immaginativa, possono servire altre citazioni; ad esempio:

Nunc ad literam dicit poeta « poi piovve », scilicet per imaginativam, « dentro all'alta fantasia un crucifisso » [71].

oppure, a ribadire il concetto di ' abstractio ':

« L'orma » ... mulieris Progne... « apparve nell'immagine mia », idest imaginativa. Et subdit quod ex ista imaginatione abstractus est fortius in aliam, dicens: « quivi », in ista imaginatione prima, « la mente mia fu sì

---

[69] Vol. I, pag. 33.
[70] Vol. III, pag. 454.
[71] Vol. III, pag. 459.

ristretta », idest, tam fortiter abstracta, « dentro da sé, che cosa che fosse allor ricetta da lei », idest, quod res quae reciperetur tunc ab ea per imaginationem, « non venìa di fuori », scilicet a sensibus [72].

Altre note specifiche possono chiarire la natura di due facoltà importantissime per il discorso dantesco: l'intelletto e la memoria:

Intellectus plus videt et cognoscit, quam memoria meminisse possit... « perché nostro intelletto », scilicet humanus animae rationalis, qui est separatus a corpore... approssimando se summo bono, quod omnes naturaliter desiderat, « si profonda tanto », idest, figitur tantum ab intra, « che retro la memoria non può ire », non potest sequi ipsum intellectum [73].

La ragione della diversa ' portata ' delle due facoltà è data poco dopo:

« Intellectus non est virtus organica sicut memoria, ideo est vicinior primae causae quam sensus » [74].

e la distanza è ribadita, il che ci assicura che Benvenuto concorda con l'espressione dantesca:

« Et hic nota quod homo plus potest intelligere de Deo, quam memorare vel dicere » [75].

È tempo di trarre ancora altre conclusioni:

— la facoltà con cui l'anima ' si muove ' è l'amore (da intendere, come poi si vedrà meglio, soprattutto come ' voluntas ')

— se il ' somnus ' e la ' vigilia ' possono influenzare l'anima al punto da produrne il ' ligamentum ' e la ' solutio ' delle facoltà, in modo che quando l'anima è ' ligata ' è ' semota a sensibilibus ', esiste una facoltà, detta ' imaginativa ' (traduzione di ' alta fantasia ') che è capace di recepire immagini per virtù della potenza divina, prescindendo dal ' sensus '

— l' ' imaginativa ' ha la capacità di operare una ' abstractio ' del tutto simile a quella del sonno, pur partendo da fonte diversa

---

[72] Cfr. nota 28.
[73] Cfr. nota 38.
[74] Vol. IV, pag. 296.
[75] Vol. V, pag. 513.

— in questo stato di ' abstractio ' le ' potentiae propriae ' dell'anima sono ' liberiores ': d'altro canto le ' delectationes sensibiles ' hanno il potere di ' sopire rationem ', una appunto delle facoltà proprie

— l'intelletto umano è ' separatus a corpore ', non è ' virtus organica ' (e così la ' ratio ' e la ' voluntas '), mentre la memoria è ' virtus organica '

— la morte, come dice Stazio, produce un effetto, molto più acuto, simile a quello della ' abstractio ': le ' potentiae propriae ' sono rafforzate; le altre ' evanescunt '

— Benvenuto, definendo ' virtus organica ' la memoria, non nota contraddizione con quanto afferma Stazio (*Purg.* XXV, 83-84), cioè che la memoria è potenza propria. Questo ci fa ragionevolmente supporre che nel primo caso si intenda quella facoltà che riesce a compiere a ritroso il cammino dell'intelletto, mentre nel secondo si intende la ' memoria ' in senso agostiniano.

2) *Allontanamento dell'anima dal corpo.*

Il composto umano, ' nexus Dei et mundi ', ha quindi la capacità di dissociarsi, o quanto meno è soggetto ad alternate prevalenze dei due componenti. Questo può avverarsi in vita a causa dell'amore che muove l'anima nei due sensi possibili ' ad dexteram vel ad sinistram ', o per intervento divino; dopo la morte l'anima pura e beata è completamente staccata dal corpo e privata delle facoltà ' communes '; durante la vita un allontanamento temporaneo è dato dal sonno.

Queste sono le cause dell'allontanamento, più o meno notevole per spazio e tempo; osserviamone più da vicino le modalità.

morte: l'anima si stacca dal corpo, e, se è pura, è portata dall'amore verso Dio: non ha bisogno di ' abstractio ', perché le facoltà comuni che potevano darle impaccio sono svanite: ' memoria, intelletto e volontade ' per amore tornano a Dio

amore: per le cose; le ' delectationes sensibiles ' sopiscono le facoltà proprie a vantaggio delle facoltà comuni; il corpo condiziona l'anima e la fa sentire prigioniera per Dio; l' ' abstractio ' interdice le operazioni delle facoltà comuni, tendendo ad annullare l'effetto del corpo sull'anima; quel tanto di ' sensus ' che riaffiora dà all'anima un più doloroso senso di prigionia

imaginativa: in una situazione di ' abstractio ' assai profonda si attua l'intervento divino, e fa sì che la fantasia, separata dal ' sensus ', possa ricevere le immagini; le facoltà comuni sono sopite

sonno: stato di scambio tra le facoltà comuni e le proprie: il corpo si limita alle operazioni che gli competono (Benvenuto: digestione); mentre l'anima si raccoglie ' dentro da sé '; l'alterna prevalenza dei due componenti si risolve nella separazione

3) *Sonno, sogno, visione, estasi, raptus; dormire et phantasiare.*

Ricerchiamo innanzitutto alcune definizioni nel commento.

« Oblivio potest dici somnus » [76].
« Ignorantia potest dici somnus » [77].
« Talis somnus est peccatum » [78].

Questi sono i sovrasensi allegorici già notati, ed inoltre:

« Per somnum, idest per profundam abstractionem mentis » [79].

Il meccanismo del sonno è invece esposto nel già citato commento ad *Inf.* III, 133-136:

Praedicta « flumana »... emisit spiritum in me, « che balenò », idest... fulgentem claritatem cognitionis, quae illuminavit intellectum meum, ita quod omnino me abstraxit ab istis exterioribus, nam clausit mihi oculos corporales et aperuit mentales... sopivit in me omnes sensus corporis, et

---

[76] Vol. I, pag. 27.
[77] Vol. I, pag. 27.
[78] Vol. I, pag. 29.
[79] Cfr. nota 11.

removit me ab omnibus sensibilibus... cecidi quasi somnolentus et dedi me quieti, et cessavi ab omnibus operibus exterioribus [80].

Interessanti sono anche le glosse dedicate al commento dei risvegli:

« Nunc continuans se ostendit quomodo fuerit excitatus a quodam tonitru... Terribilis sonus... excitavit mihi profundam speculationem vel quietem, « nella testa », idest fanthasia mea, « sì ch'io mi riscossi », idest recuperavi sensum, et evigilavi » [81].

Per quanto riguarda il sonno, o meglio il processo addormentarsi-svegliarsi, le note sono tutte di questo tipo: Benvenuto, cioè, ha una sua ben precisa teoria sul procedimento, ma insiste nel notare che i sonni di Dante sono ' fictiones '; il procedimento è reale e benissimo descritto, ma è introdotto come analogia, ed analogia abilissima: il sonno rappresenta l'interruzione di una ' speculatio mentalis ' a causa di una interferenza (nel caso del passaggio dal canto V al canto VI si tratta di ' compassione afflictiva illorum duorum amantium '), interruzione che si risolve in ' profundam speculationem vel quietem ', da cui l' ' oculus intellectualis ' esce riposato e pronto a riprendere la speculazione interrotta.

Passiamo ora alle note concernenti il sogno:

Et primo describit horam diei, illucescente sole, quia tunc maxime solent fieri somnia vera, ut autor saepe dicit in isto libro, quia tunc digestione perfecta et fumis resolutis mens hominis est sobria, quasi velit dicere autor: non credas somnium meum ridiculosum, tanquam processerit a crapula et ebrietate, immo processit a speculatione sobriae mentis, quia fuit in diluculo, sive in principio lucis [82].

Idest cum evigilassem hora matutina, qua solent fieri somnia magis vera [83].

In somno fecit mirabile somnium... et per istud somnium poeta dat intelligi profundam abstractionem mentis, per quam fecit altam fictionem [84].

---

80 *Ibidem.*

81 Vol. I, pp. 134-135.

82 Vol. I, pag. 37.

83 Cfr. nota 17.

84 Cfr. nota 59.

Il sogno, che si situa nel sonno, è considerato da Benvenuto secondo queste caratteristiche:

— la vericidità: non procede ‘ a crapula et ebrietate ’, e, nel caso di Conte Ugolino (o della « Femmina Balba ») è presagio del futuro

— estraneità e gratuità: è uno stato intermedio che può mancare

— abstractio mentis: è il culmine di quella separazione dell'anima dal corpo, che permette il passaggio dalla speculazione alla formazione di immagini.

Veniamo ora a raccogliere dati sulla visione, distinguendo in essa un atto ed un oggetto.

Visiones enim et subtiles imaginationes, ut plurimum, adveniunt in nocte, quando anima magis recolligit se ad se, et est magis semota a curis temporalibus; quo tempore ratio discurrit et considerat quomodo expendiderit tempus suum [85].

Cum dormisset ad sufficientiam secundum suam naturam et consuetudinem habuit unam visionem circa auroram diei, quando solent plus fieri somnia vera [86].

Ostendit qualiter ipse excitatus recognovit suam veram visionem. Dicit ergo: « Quando l'anima mia tornò di fuori alle cose che son fuor di lei vere », quasi dicat, ad sensibilia, quia prius viderat imaginaria » [87].

« Surse in mia visione», idest, in illa abstractione, « una fanciulla » [88].

Et hic nota diversitatem quae est de visione inferiori hic, ad aliam superiorem ibi in visibilibus: oculus namque humanus, cum videt excellens sensibile, sicut radium solis, debilitatur et redditur inabilis et impotens ad videnda alia visibilia maiora; et contra autem oculus intellectualis videns excellentissimum sensibile, sicut radium solis aeterni, vigoratur et efficitur potens ad videndum perfectius illud lumen et alia inferiora [89].

Oggetto delle visioni non sono, né potevano esserlo, ‘ sensibilia ’, ma ‘ imaginaria ’, che però non mancano di verità: la loro è solo una verità diversa da quella delle cose che sono fuori dell'anima. Esiste una differenza specifica tra sogno e visione? Benvenuto non

---

85 Cfr. nota 9.
86 Cfr. nota 18.
87 Cfr. nota 25.
88 Vol. III, pag. 460.
89 Vol. V, pag. 518.

pare insistervi: dalle sue parole potremmo ricavare al massimo che, se i sogni si hanno nel sonno, le visioni si hanno solo ' ut plurimum ' di notte, e che sono possibili anche senza dormire, purché si verifichi la condizione di ' abstractio '. Inoltre le visioni che precedono la visione finale della *Commedia* sono di carattere passivo, recettivo, e concluse in sé, mentre la progressiva visione di Dio presenta anche un carattere di attività: vi si parla di una serie di acquisti operati dal poeta, che consentono alla visione di crescere su se stessa.

Rare sono le note contenenti i termini ' extasis ' e ' raptus '; ma vediamo tuttavia cosa se ne può ricavare.

> Fingit se transivisse per somnum, idest per profundam abstractionem mentis, ita quod exivit extra se ipsum raptus in extasim [90].
>
> Extasis enim est quando mens est alienata non per revelationem, sed fortem imaginationem, quae trahit et occupat eam sic totam, quod aliud non operatur [91].
>
> Et hic nota quod huiusmodi visio, postquam trascendit terminos naturales et tendet in divinam essentiam, potest dici raptus, qui fuit in autore virtute divina [92].
>
> Ita autor post raptum suum reversus ad se perdidit memoriam eorum quae viderat tempore raptus [93].

Premessa indispensabile di questi tipi di visione è ancora una volta la ' profunda abstractio '. L'estasi si differenzia dalla normale visione, a quanto pare, per l'assenza di quel dono gratuito che è l'oggetto del vedere: esso, infatti, non è rivelato, cioè dato a conoscere all'anima ' abstracta '; ma quest'anima deve condurre un processo di forte immaginazione (non più speculazione), al termine del quale approderà all'oggetto della visione estatica.

Il « raptus » si distingue dalla visione semplicemente per l'oggetto suo specifico: Dio. È questa la visione in cui l'intelletto ' si profonda tanto che retro la memoria non può ire '. Tra loro questi due modi di vedere differiscono sia per l'oggetto sia per il processo

---

[90] Cfr. nota 79.
[91] Cfr. nota 23.
[92] Cfr. nota 55.
[93] Cfr. nota 58.

che porta a vedere nel ' raptus ' per virtù divina si vede Dio, nell'estasi si raggiunge una immagine mediante una attività umana.

Penso sia chiaro adesso perché il lungo titolo di questo paragrafo terminava con le parole ' dormire et phantasiare ': le attività fantastiche esigono tutte come premessa, secondo Benvenuto, lo stato di ' abstractio '; ed il passaggio dalla ' speculatio ' alla ' imaginatio ' avviene proprio quando l' 'abstractio ' è più profonda.

4) *L'anima verso Dio.*

Abbiamo concluso una breve ricerca sull'anima e le sue facoltà, e sui modi in cui l'anima si ' libera ' per andare a Dio. Resta ora da considerare come si svolge questo processo, cioè che cosa succeda all'anima, quali facoltà siano impegnate, che tipo di cammino essa compia: per dirlo in breve, quale sia il discorso di Benvenuto circa la visione dantesca.

L'anima, si è detto, ha facoltà proprie e comuni, e solo con la morte si giunge all'esaltazione totale delle prime ed all'annullamento totale delle ultime. Tra lo stato di veglia e la morte vi sono gradi intermedi di ' abstractio ' a favore dell'anima: il sonno, il sogno, la visione, l'estasi, il ' raptus '. Questa ' climax ' si verifica per la convergenza di due fattori: da un lato la ' speculatio ' umana che si approfondisce sempre più, diventando ' imaginatio '; dall'altro il ' lume ' divino che muove l'imaginativa dell'anima ' abstracta ', e le dà rivelazioni successive che promuovono il suo operare. Culmine di questo processo è la visione di Dio, che è contemporaneamente conquista dell'anima e dono di Dio.

Le facoltà proprie dell'anima, quelle cioè con cui si giunge alla visione di Dio (prima della morte l' ' abstractio ' sostituisce, se sufficientemente profonda, la ' separatio animae a corpore '), sono ' intellectus ', ' voluntas ' e ' ratio ' (per la sostituzione di ' memoria ' con ' ratio ' cfr. sopra).

Sappiamo d'altro lato che ' l'anima non va con altro piede ' che non sia l'amore; vediamo ora come Benvenuto descrive il volo dell'anima verso Dio ed il raggiungimento della visione.

Ut bene ait Augustinus, sicut stilla aquae multo infusa vino deficere in se tota videtur, dum saporem vini induit et colorem; sic hominis affectio quodam ineffabili modo liquescens transfunditur penitus in Dei amorem, et quodam quasi modo oblitus sui per coelestes speras mentaliter scandens ad aeternum Regnum perduci festinat, mente jam ebria suavitate gratiae infusae [94].

Ci dà fastidio quell'avverbio: 'mentaliter'? Non dimentichiamo tutto il contesto agostiniano in cui si trova, né la preghiera che Benvenuto fa di poter godere dello stesso privilegio di Dante: l'avverbio assumerà un significato molto meno arido. L'amore è, dunque, ciò che porta l'anima a Dio, ed è da identificarsi con la 'voluntas'. Benvenuto infatti, nel commento al *Paradiso*, non parla molto di 'voluntas', mentre 'intellectus' e 'ratio' sono termini abbastanza frequenti. Vediamoli in due contesti importanti: il commento al canto I ed al canto XXXIII:

Homo est maxime intellectus et ratio; ideo nunc Dantes cum virtute et scientia volabat sursum, sicut ignorantia et vitium trahebant eum deorsum [95].

Et propter hoc, ut bene potes colligere formam compilationis huius operis, scilicet virtutem phantasiae; et quia plus non potest, ideo plus non vult desiderium suae voluntatis [96].

L'amore è appagato: e l''intellectus' e la 'ratio'?

« Ma le proprie penne », scilicet ratio et intellectus, quae tollunt animam ad considerationem alicuius rei [97].

Hanno esaurito le loro capacità e si arrendono.

5) *Considerazioni psicologiche finali.*

Questo discorso non ha ancora risolto la contraddizione che avevamo rilevato all'inizio; però ci ha dato gli strumenti per farlo. Possiamo ora procedere ad esaminare la contraddizione più da vicino e con più competenza.

Ridotta ai termini essenziali la questione si può porre così: come accordare le glosse che iniziano e chiudono il *Comentum?* Cosa vuol dire che Benvenuto trattando della visione iniziale sostenga che

---

[94] Cfr. nota 40.
[95] Vol. IV, pag. 320.
[96] Vol. V, pag. 526.
[97] Vol. V, pag. 526.

‘ videtur ergo autor velle dicere se habuisse hoc per visionem in somno, sed hoc non valet ’ mentre riguardo alla visione finale proclama che ‘ autor totam suam visionem habuit in somnio ’?

La soluzione può sembrare semplicistica, ma mi pare logicamente conseguente dallo schema della psicologia di Benvenuto che abbiamo tratto dalle pagine del *Comentum*. Le due glosse in realtà non sono poi così contraddittorie come sembra a prima vista. Se infatti nella prima il luogo della visione è il *sonno*, nella seconda è il *sogno*: Benvenuto cioè rifiuta la *visio in somno*, cosa che non può accordarsi con le sue convinzioni psicologiche, ma accetta la *visio in somnio*, in quanto il grado di ‘ abstractio ’ da essa raggiunto gli pare sufficiente a garantire tutto l’acquisto dantesco, acquisto operato con le facoltà proprie dell’anima, massimamente l’amore, le quali hanno bisogno, mentre l’uomo è vivente, del massimo grado di ‘ abstractio ’ per raggiungere Dio.

Questa spiegazione però (per sembrare sempre meno semplicistica) non deriva solo da una differenza di testo interpretata alla luce di una teoria psicologica carpita al commentatore, ma si appoggia su di un preciso riferimento voluto da Benvenuto stesso; non stiamo sorprendendo il commentatore, ma seguendo le sue indicazioni. Infatti la confutazione della *visio in somno* si fonda su di un argomento ben preciso: il degradamento del sonno a quiete: il testo aristotelico, ‘ ut ait commentator philosophus, per somnum intelligit ibi quietem: non enim est verum quod homo dormiat medietate temporis ’. La spiegazione suesposta credo ora appaia più convincente. Ma proseguiamo. Scartato il sonno-quiete, Benvenuto si trova a dover scartare la notte, come interpretazione del ‘ mezzo del cammin di nostra vita ’, e lo fa citando *Inf.* I, 37: ‘ Temp’era dal principio del mattino ’. Si noti ora che la glossa finale aggancia l’affermazione della *visio in somnio* proprio a questo stesso verso: ‘ sicut ipse testatus est in primo capitulo totius operis, ubi dixit ‘ temp’era dal principio del mattino ’.

Se prenderemo ancora a considerare quella nota sulle visioni, in cui si dice che esse ‘ ut plurimum ’ avvengono di notte, capiremo meglio il perché di quell’espressione limitativa: avendo escluso la notte come luogo della visione dantesca, Benvenuto, ritenendo vera la visione, doveva dare la possibilità teorica che essa avvenisse anche al di fuori della notte: la ‘ abstractio ’ non abbisogna di un tempo determinato.

Con questo, però, si è rimossa soltanto una parte della contraddizione, in quanto, ammesso che Benvenuto ritenga autentica la visione dantesca, che il suo atteggiamento nei confronti della visione sia rimasto costante lungo tutto il *Comentum*, e che il termine ' visio ' abbia mantenuto sempre lo stesso ben definito significato, resta da chiarire come sia possibile la presenza di espressioni che suggeriscono la ' fictio ' come canone del procedere dantesco. È quanto faremo nel paragrafo successivo, interessandoci alle concezioni poetiche di Benvenuto, per chiarire il significato di ' fictio '.

VI. La « fictio » poetica.

1) *Contraddizioni apparenti.*

Se si ritiene accettabile quanto esposto sopra, è evidente che non ci preoccuperanno le glosse in cui il termine ' fictio ' (e simili) appaiono accanto al termine ' somnus ', cioè tutte le glosse che si possono riassumere nella già citata:

> Et nota lector, quod autor in isto primo introitu Inferni facit subtiliter istam fictionem, quam sepe faciet alibi; unde similiter, quando vult intrare Purgatorium, fingit se obdormisse, et sic dormientem raptum fuisse a quadam aquila; et ita alibi saepe [98].

2) *Prodotti della ' fictio '.*

Scorrendo il commento troviamo espressioni come ' figmenta ', ' fictiones ', ' color ', ' metaphora ', ' exemplum ',' allegoria ', ' comparatio '; artifici tutti che servono a dire una cosa mediante un'altra. E puntualmente Benvenuto li annota, risolvendo poi con formule del tipo ' autor vult sententialiter dicere ', che introducono il vero senso della ' litera '. Ma la frequenza di alcuni di questi termini è tale da far pensare ad un significato di ' fingere ' assai meno specifico di quello che normalmente gli si attribuisce quando lo si oppone a ' videre '. Ed in effetti Benvenuto usa per indicare l'operare del poeta solo tre verbi: ' dicere ', ' fingere ',' describere '. Se escludiamo il

---

[98] Cfr. nota 23.

troppo generico ' dicere ', il campo espressivo di Benvenuto risulta estremamente povero. Ancora più povero risulta se ai due verbi diamo un significato ristretto, tecnico. Più ragionevole sembrerebbe ammettere che i verbi ' fingere ' e ' describere ' hanno per Benvenuto suppergiù il significato generico del ' fare ' artistico, il che sarebbe anche più vicino al concetto medievale dell'arte come abito operativo, ma non è il caso di fare anticipazioni. Basti per ora aver notato il disagio che l'interpretazione specialistica dei termini produce.

3) *La ' comparatio '.*

Un termine da osservare con attenzione mi sembra ' comparatio '. Esso infatti è assente nei punti ' critici ' del commento all'*Inferno* ed al *Purgatorio*; appare con una certa frequenza solo dopo il commento a *Par.* XXIII, 49 s. (' Io era come quei che si risente... '):

> Et hic nota quod ista est propriissima comparatio; sicut enim aliquando homo per visionem videt rem nobilem, mirabilem et memorabilem, quam conatur ad memoriam reducere, nec potest quoquo modo; ita a simili autor noster per abstractionem mentis viderat rem nobilissimam et mirabilissimam, scilicet personam Christi, nec poterat reminisci qualem viderat ipsam [99].

A partire da questa nota il termine appare sempre più spesso, in contesti che richiederebbero una maggiore specificità:

> Hic autor ostendit quomodo lux divina superveniens subito circumclusit eum ad videndum, et vigoravit... per unam comparationem propriam et expressivam talis actus... Vult dicere quod lux divina... cooperuit ipsum... sicut lampus qui fit quando fulgurat » [100].
>
> Declarat mutationem florum et favillarum per unam comparationem propriam... accidit de istis sicut de hominibus, qui .. portaverunt larvas sub quibus non cognoscebantur [101].
>
> Hic autor exprimit modum suae grandiosae et tacitae comparationis per unam comparationem propriissimam [102].

Ancora, nel commento alla visione finale, parlerà di ' comparatio

---

[99] Vol. V, pag. 320.
[100] Cfr. nota 43.
[101] Cfr. nota 48.
[102] Vol. V, pag. 472.

subtillima ', di ' artificiosa comparatio somniantis ', di ' comparatio elegantissima ' trattando del ' geomètra '.

Forse la chiave della soluzione è proprio nel termine ' comparatio ' che qui abbiam visto in opera. Cosa significa questo termine in Benvenuto? Genericamente possiamo dire che si tratta di una ' figura ' (cfr. ' fingere ') retorica che presuppone due realtà, di cui una è difficilmente comunicabile, e viene mediata attraverso l'altra, più accessibile. Resta ora da specificare la natura, cioè l'origine di queste due realtà; se pensiamo al dilemma ' visio '-' fictio ' è evidente che i casi possibili sono quattro:

— le realtà mediata e la realtà mediante sono della stessa origine: ' visio '

— la realtà mediata e la realtà mediante sono della stessa origine: ' fictio '

— la realtà mediata è prodotto della ' visio ', la realtà mediante è prodotto della ' fictio '

— la realtà mediata è prodotto della ' fictio ', la realtà mediante è prodotto della ' visio '

La presenza di espressioni del tipo: ' in somno fecit mirabile somnium quod describitur mirabili arte capitulo sequenti; et per istud somnium poeta dat intelligi profundam abstractionem mentis, per quam fecit altam fictionem, ut statim sequitur ' non ci consentono di accettare nessuna di queste formulazioni; è chiaro che il dilemma si dimostra fittizio. Da ciò consegue la necessità di avvicinare i due termini opposti tra loro, controllando l'origine di ciò che chiamiamo ' visio ' e ' fictio ': sia del processo, sia dei risultati che con quei termini designamo.

4) *La ' phantasia '*.

Una citazione già riportata dichiara assai evidentemente l'origine del processo poetico che ha portato alla composizione della *Commedia*:

> Bene potes colligere formam compilationis huius operis, scilicet virtutem phantasiae [103].

---

[103] Cfr. nota 96.

Non credo si possa equivocare su questo passo di Benvenuto, e non credo di andare errato affermando che a questo punto il dilemma da cui siamo partiti si dimostra davvero inesistente: il commentatore infatti rivendica alla *Commedia* una origine unitaria: egli anzi usa il termine ' forma ', che è solitamente usato per indicare la funzione dell'anima rispetto al corpo.

Riprendiamo ora il concetto di « imaginativa », ricordando che lo si era definito a ragion veduta: traduzione di « alta fantasia »; e notiamo che la ultima citazione sopra riportata si riferisce al verso: « A l'alta fantasia qui mancò possa ». Ci sarà lecito affermare a questo punto che la « virtus phantasiae » che Benvenuto indica come « forma » della *Commedia*, è la famosa « imaginativa » di *Purg.* XVII, 13. Rivediamo tutta la discussione con cui abbiamo chiarito quel concetto ed avremo compreso donde, secondo Benvenuto, ha origine la *Commedia.*

5) *E la ' fictio '?*

Sembra che le affermazioni del capitolo precedente abbiano conferito alla ' visio ' il ruolo di origine esclusiva del poema dantesco, e vien fatto di chiedere se la ' fictio ' abbia ancora qualche consistenza. In realtà il capitolo precedente ha messo l'accento sull'origine unitaria del poema, e non è detto che l'identificazione ' phantasia '-' imaginativa ' abbia risolto il dilemma a favore della ' visio '. Parlando della convergenza fra la tensione umana e l'illuminazione divina, questo problema è già stato impostato nelle sue linee essenziali: la ' speculatio ' e la ' imaginatio ' che ricevono rivelazioni da Dio a mezzo delle visioni sono un aspetto solo dell'attività che qui si chiama ' phantasia '; ne esiste un altro, che vuole prescindere dalle rivelazioni divine: l'atteggiamento dell'uomo che vuole crearsi le proprie figure. Vediamo il commento a *Par.* XXXIII, 133 sgg.:

> «Qual'è il geomètra »... Hic autor nititur ostendere quomodo hic fecit ultimum de potentia, et contraxit omnes vires animae in unum, si forte posset aliquid imaginari ad manifestationem istius humanitatis [104].

[104] Vol. V, pag. 525.

VII Conclusione.

A questo punto, se vogliamo a rimetterci a parlare in termini di ' visio ' e ' fictio ', dobbiamo fare una accurata distinzione. Se usiamo i termini in senso ' moderno ' correremo il rischio di non poterci servire dell'aiuto di Benvenuto; se li usiamo in senso ' generico ' rischiamo di ridar vita ad un dilemma inesistente; se invece li intendiamo come Benvenuto li intese non potremo non rilevare due verità fondamentali:

— unità d'ispirazione e d'origine del poema sacro

— necessità della mediazione

In questo modo daremo a ' visio ' e ' fictio ' il loro vero significato, condensando il pensiero di Benvenuto su Dante in formule di questo tipo:

1) Origine di tutto il poema sacro è la ' imaginativa ' o ' phantasia ', i cui risultati si possono distinguere in due classi: le ' visiones ', cioè le *realtà mediate,* rivelate da Dio all'uomo che ha raggiunto il fondo della sua speculazione; le ' fictiones ', cioè le *realtà medianti*, che servono al poeta per comunicare la sua irripetibile esperienza.

2) ' Visiones ' e ' fictiones ' si trovano nel processo imaginativo-speculativo, a diversa profondità, ma la priorità spetta alle ' visiones '. L'attività poetica, detta ' fingere ', si risolve nel trovare traduzioni efficaci delle ' visiones ', traduzioni che poi si accostano alle realtà acquisite ed incomunicabili mediante un processo detto ' comparatio '.

3) I due termini della ' comparatio ' hanno origine dalla stessa facoltà, con processi diversi: alla ' fictio ', cioè all'attività poetica, spetta il lavoro quasi meccanico di compararli, per istituire la mediazione.

In definitiva il poema sacro si può risolvere in una citazione già riportata:

> Hic namque poeta peritissimus, omnium coelestium, terrestrium, et infernorum profunda speculabiliter contemplatus, singula quaeque descripsit historice, allegorice, tropologice, anagogice [105].

Mariano Welber

---

[105] Cfr. nota 7.

LE OSCILLAZIONI DELL'OTTIMO COMMENTO

L'ordine cui soggiace lo sviluppo di queste considerazioni prevede anzitutto un incontro con i codici attraverso i quali l'*Ottimo Commento* ci è giunto (qui analizzati sia in un loro confronto più esteriore che nella lezione da essi derivabile sul piano dei dettagli singoli); poi un confronto con le puntualizzazioni oniriche in tal commento reperibili (esse pure contemplate in duplice prospettiva: nei passi, cioè, concernenti i sogni e nell'esemplificazione desumibile dalla figura di Beatrice). Concluderà il tutto un breve spunto da codice sandanielese del sec. XIV.

I. I codici dell'« Ottimo Commento ».

Non essendo questa la sede in cui affrontare direttamente gli intricati problemi d'attribuzione, mi limiterò a ricordare le conclusioni già tirate da Luigi Rocca nel suo fondamentale saggio del 1891 sui commenti dei primi vent'anni dopo la morte di Dante.

L'*Ottimo Commento* sarebbe, cioè, databile pressappoco al 1334, attribuibile ad Andrea Lancia, notaio fiorentino e già noto volgarizzatore di testi latini; il quale, pur avendo indubbiamente attinto dai commenti di Jacopo della Lana, di Graziolo de' Bambaglioli e di Jacopo di Dante, non sarebbe una pura e semplice ripetizione o copia di nessuno di essi, ma piuttosto ne costituirebbe una rielaborazione abbastanza originale. Vorrei soffermarmi, invece, per un momento, sul problema dei codici dell'*Ottimo*.

Come ben noto, il numero dei codici che riportano, almeno parzialmente, l'*Ottimo*, è assai alto e molto rilevanti sono le discordanze fissabili fra di essi. Il Torri [1] nella sua edizione del 1827-29 che è, fino ad oggi, l'unica in nostro possesso, tenne presente, in pratica, un solo codice, cioè il Laurenziano Pl. XL, 19, che integrò, per gli ultimi sei canti del *Paradiso*, con le glosse del Laurenziano Pl. XL, 2. Ignorò, quindi, completamente un secondo gruppo di codici [1bis], che si possono, più o meno, far risalire a due documenti fondamentali: il Riccardiano 1004 e il Magliabechiano Palch. I, 31; codici che presentano una redazione, direi, affatto diversa per i primi quattro canti dell'*Inferno* e anche per i proemi dei canti successivi.

G. Vandelli [2] ha, inoltre, dimostrato (e in modo, a mio parere, soddisfacente) che il manoscritto Barber. Lat. 4103 e il suo derivato Vat. Lat. 3201 riportano una, chiamiamola così, terza redazione dell'*Ottimo Commento*.

Al Vandelli anche dobbiamo la conclusione che le discordanze fra i vari codici dipendano in massima parte non da errori o da interpolazioni dei copisti, ma dal succedersi di varie redazioni dell'*Ottimo Commento*. Interessantissima, per il nostro particolare problema, è l'ipotesi che Andrea Lancia non stendesse un vero e proprio commento compiuto in ogni sua parte, ma piuttosto una bozza, una minuta che venne, più che trascritta, rielaborata, ogni qualvolta al Lancia fu richiesto, da persone diverse, di commentare Dante.

Tale fatto è assai importante perché spiega, almeno in parte, le incongruenze del commento stesso, che talvolta dà interpreta-

---

[1] L'edizione qui ricordata è l'*Ottimo Commento della Divina Commedia, testo inedito di un contemporaneo di Dante citato dall'Accademia della Crusca,* Pisa, presso N. Capurro, MDCCCXVII, voll. 3.

[1bis] *Primo gruppo:* Laurenziano Pl., XL, 19, membr. della seconda metà del sec. XIV. Magliabechiano, Conventi soppressi, I, V, 8 (già di S. Marco a Firenze n. 219), cartaceo della fine del sec. XIV; Magliabechiano Palch. I, 46, cartaceo della fine del sec. XIV; Riccardiano 1038, cartaceo del sec. XV. *Secondo gruppo:* Riccardiano 1004, membranaceo dell'anno 1426; Magliabechiano Palch. I, 31, cartaceo scritto nel 1467; Laurenziano, Conventi soppressi 113 (già della SS. Annunziata n. 25, cartaceo del sec. XV); Magliabechiano Palch. IV, 120, cartaceo del sec. XIV; Riccardiano 1023, cartaceo del 1380; Magliabechiano Palch. I, 48, cartaceo della fine del sec. XIV; Marciano di Venezia LVI; Friulano della biblioteca di S. Daniele del Tagliamento, membranaceo del sec. XIV; Laurenziano PL. XL, 1; Padovano della biblioteca del Seminario LXVII; Laurenziano PL. XC sup. 115; Laurenziano PL. XL, 2, membranaceo del 1370; Magliabechiano, Conventi soppressi I, I, 30 (già di S. Marco a Firenze n. 221), membranaceo del sec. XIV; Asburnhamiano 840, cartaceo del sec. XV; Laurenziano PL. XLII, 16, membranaceo e cartaceo scritto nel 1434. *Terzo gruppo:* Riccardiano 1002; Magliabechiano Palch. I, 49; Laurenziano PL. XC sup. 124; Laurenziano Strozziano 169.

[2] G. VANDELLI, « Studi Danteschi », anno 1930, vol. XIV, pp. 93-174.

zioni rigidamente allegoriche di Dante, talvolta sembra accettare in pieno una lettura in chiave onirica.

Pur sapendo che una presa di posizione troppo rigida e definitiva su questo argomento sarebbe prematura e presuntuosa, in base al materiale consultato mi sembra di poter arrischiare l'ipotesi che non soltanto esistono tre redazioni dell'*Ottimo Commento,* ma anche che, all'interno di esse, le oscillazioni del commentatore, riguardo al problema onirico, derivano soprattutto dalla maggiore o minore paura di una sanzione ecclesiastica (paura del resto storicamente assai giustificata).

Cercherò, comunque, di dare qualche esempio di quanto ho detto sopra.

II. Confronto di brani significativi per una lettura onirica dell'« Ottimo Commento », tratti dai codici Laur. Pl. 19, Laur. Pl. XL, 2, Barber. Lat. 4103.

a) Noi conosciamo tre proemi all'*Ottimo Commento*: quello del Laur. Pl. XL, 19, mutilo però della prima parte, quello pubblicato dallo Scarabelli come Proemio Laneo, ma sicuramente attribuibile all'*Ottimo* e quello di Barber. Lat. 4103, che comincia [3]:

> Nel mezzo del camino della comune vita de' mortali, il cui corso vogliono intendere che sia da li LXVI anni infino a li LXX anni, Dante Alighieri..., provedendo de dispensare il rimanente della sua etade utilmente e non solo in suo frutto ma etiamdeo de tutti coloro che avessoro intendimento di fuggire vizi e seguire vertù e scienza... compilò questa cara e preziosa opera.

Questa parte è essenzialmente analoga a quella dei due proemi già ricordati, ma poi il Barber. si distingue continuando [4]:

> ... e intra li moderni fue singulare poeta, ma più che poeta, però che finse la celestiale gloria, la quale, se fue dimostrata per grazia ad alcuno apostolo, evangelista o santo, non si trova con penna o inchiostro descritta.

---

[3] Citato da C. Vandelli in *op. cit.*, p. 137.

[4] *Ibidem*; p. 138.

La definizione di Dante « più che poeta » e il richiamo all'esperienza mistica di « alcuno apostolo, evangelista o santo », è, credo io, non casuale, ma anzi assai significativa.

b) *Inf.* c. II, vv. 94-102 (« Donna è gentil nel ciel che si compiange... »).

Questo è un passo assai tormentato, per cui conviene confrontare tutte e tre le redazioni:

I redazione:

La donna gentile è Grazia proveniente, ovvero dono di intelletto, Lucia Grazia inluminante e cooperante: la luce è nell'aspetto bella, spargesi senza maculare, procede diritto senza correre, passa per lunghissima linea senza tardanza, ed è la luce nimica de' rei, perocché li rei odiano la luce, ch'ella scuopre li loro trattati [5].

II redazione

Qui l'*Ottimo*, fondandosi su un passo del *De Spiritu et anima* di Sant'Agostino, afferma che la donna gentil è la

mente dell'Autore, che per via della orazione, la quale passa il cielo, si compiange presso Dio dello stato miserevole dell'autore stesso [6].

III redazione

Qui dichiara Beatrice li motori de' lei, de' quali l'uno discrive senza nome, dicendo « Donna gentile » cioè una grazia proveniente, la quale è donata da Dio d'intelligenza: puoila appellare dono d'intelletto. Questo intelletto si compiagnea che vedea l'autore cadere in cieco calle, e però chiese in suo adiutorio la seconda donna, cioè la seconda grazia, la quale appella Lucia, cioè Grazia Illuminante [7].

In questo caso la lezione più interessante è quella dei codici costituenti la seconda redazione. Qui infatti il commentatore sem-

---

[5] *Ott. Comm.*, vol. I, p. 22.

[6] Citato da L. Rocca in *Di alcuni commenti della Divina Commedia nei primi vent'anni dopo la morte di Dante*, Sansoni ed., Firenze 1891, pp. 292-93.

[7] Vandelli, *art. cit.*, p. 165.

bra postulare, sia pure in modo non del tutto consapevole, un'esperienza genuinamente « alienante », quasi a mo' di « transfert » modernamente concepito (la mente di Dante è presso Dio).

c) *Par.* XXXI v. 79 (« O donna in cui la mia speranza vige »)

Laur. Pl. XL, 19:

Qui fa l'autore orando a Beatrice invocazione, che li disciolga l'anima dal corpo, acciò che rimanga con essa in contemplazione [8].

Laur. Pl. XL, 2 (aggiunta al v. 29):

... nella quale (*orazione*) affettuosamente l'autore prega Beatrice che dissolva l'anima sua dal corpo, acciò ch'elli rimanga in Paradiso. E signatamente fa questo, però che se non avesse fatto tal priego, avrebbe indutta dubitazione nel lettore d'essa Commedia, se tanta beatitudine e gloria avesse in Paradiso, poich'esso mortale e contemplatore della presente opera essendovi, non l'avesse disiata, ed il disio espresso [9].

Anche in questo caso l'aggiunta compiuta nella seconda redazione è tutt'altro che indifferente ai sensi che qui ci preme sottolineare.

d) Chiosa finale dell'*Ottimo Commento* (Par. XXXIII vv. 142-145). (« All'alta fantasia qui mancò possa...; »).

Laur. Pl. XL, 19:

All'alta fantasia: per questa parola si puote comprendere la forma e il modo della edificazione e compilazione di questa Commedia: ché dice l'autore che per sua virtù di fantasia, alla quale qui la potenza manca, compose il fondamento e tutto lo edificio di questa sua opera... Intenda chi legge questa Commedia, che l'autore nel testo poetizza e finge: e così fa la chiosa [10].

Laur. Pl. XL, 2 (aggiunta ai vv. 142-145):

---

[8] *Ott. Comm.*, ed. cit., vol. III, p. 687.
[9] *Ibidem*, p. 694.
[10] *Ibidem*, p. 740.

Intenda chiunque legge, che l'autore nel testo poetizza e finge, e la Chiosa similmente spone tal poesia: sì che in quanto esempli, argomenti, opinioni, allegorie, sentenze, o detti si conformano al tener di Santa Chiesa sta bene; in altra guisa, sieno reputati (sì come sono) esposizioni di poetichi detti ed argomenti sopra poetichi versi indutti [11].

La preoccupazione di cui ho già parlato sopra, (di rimanere, cioè, nell'ortodossia ecclesiastica, rifiutando interpretazioni non puramente morali ed allegoriche di Dante) è nella seconda redazione espressa assai più chiaramente che nella prima. Il passo, peraltro, non esclude a priori la possibilità di una lettura onirica dell'*Ottimo Commento,* ma dimostra semmai che l'autore si preoccupava, alla fine dell'opera, di smentire una possibile lettura in questo senso, per timore appunto di sanzioni ecclesiastiche. Né con ciò cozza l'analogia fissabile con un passo del proemio al commento di Jacopo della Lana, che con questo appare strettamente collegato:

... tegnendo sempre che ogni esposizione, interpretazione, allegoria, sentenzia, postilla overo glosa che per me sarà fatta se si consona e dice con lo tenere della santa madre Ecclesia romana ho per ferma e dritta. Se deviasse, discrepasse, overo avesse altro senso, infino ad ora lo casso e tengo per vano e di nessun valore [12].

Tralasciando di discutere l'intricatissimo problema del rapporto fra il commento laneo e l'*Ottimo* (ammettiamo pure che Andrea Lancia abbia copiato testualmente la chiosa finale al *Paradiso* dal commento del Lana; la cosa non si fa per questo meno interessante), voglio semplicemente sottolineare che la presenza identica di una affermazione così esplicita e voluta di ortodossia in due commenti pressappoco contemporanei, affermazione per di più posta in ambedue in posizione « forte » (come dettaglio di apertura nel Lana, come finale sigillo nell'*Ottimo*) è chiaro indice di quel clima storico di condizionamento culturale da parte della Chiesa di cui parlavamo prima. Riportata, infatti, nella cornice delle concrete vicende stori-

---

[11] *Ibidem*, p. 744.

[12] JACOPO DELLA LANA, *Commedia di Dante degli Allagherii col commento di Jacopo della Lana bolognese*, a cura di Luciano Scarabelli, Bologna, 1866-67, vol. I, p. 103.

che [13], l'analogia avvertibile tra i due passi suona non già a « costume » indifferentemente servito, ma a cautela coscientemente praticata.

III. L'« Ottimo Commento » e la dimensione onirica del Poema Sacro.

Una volta preso atto della lezione mutuabile dalle oscillazioni esegetiche così spesso verificatesi, nell'*Ottimo Commento,* proprio in dettagli strettamente connessi col nostro discorso, resta ora da vedere il vero atteggiamento dall'*Ottimo* assunto di fronte al tessuto onirico del Poema Sacro.

Ciò appureremo prima sulla specifica cronaca dei sogni e poi sul timbro d'inconscio da Dante immesso nella figura di Beatrice. Attenzione tutt'altro che irrilevante (soprattutto alla luce dei confronti agevolmente fissabili!) riscontreremo nel primo punto; precise tracce di concretezza esperienzale (e non mero gioco di allegorismi!) troveremo nel secondo.

Valgano, per quanto riguarda l'attenzione al tessuto onirico, due sottolineature che, proiettate nel vero contesto polemico del primo centennio esegetico, non possono non rivelarcisi d'eloquenza estrema.

a) *Interpretazione di « Inf. » I v.* 1.

... queste parole hanno due sposizioni; una si riferisce alla etade dello Autore, l'altra al tempo della sua speculazione. Alla etade, cioè trentacinque anni, che è mezzo di settanta anni, i quali sono il corso universalmente comune della nostra etade, quando non si passano, per ottima complessione, o si minuiscono, per mala complessione od accidente. Cogliesi dunque che l'Autore fosse di etade di trentacinque anni, quando cominciò questa sua Opera. Questa etade è perfetta; ha fortezza ed ha cognizione... Al tempo della sua speculazione si puote questa parola riferire, cioè che elli si trovasse nel tempo della notte, la quale tiene mezzo del cammino mortale, però che tanto comprendono le notti, quanto li dì, compensati tutti li tempi, ed ancora più che l'Autore cominciò que-

---

[13] Non ho che da richiamarmi a quanto verrà tra poco esaurientemente documentato nei contributi su Guido Vernani e Cecco d'Ascoli; oltre che, naturalmente, all'opprimente presenza in Bologna di Bertrando del Poggetto. Cfr. pp. 261-300.

sta opera a mezzo Marzo, quando erano uguali li dì colle notti; e seguita che si trovò per una selva oscura, ecc. [14].

Chi si premura d'accostare questo passo alla facilità con cui Pietro Alighieri [15] liquida il possibile sottosuolo aristotelico di « Nel mezzo del cammin di nostra vita » o, su opposto registro, all'impegno esplicato da Benvenuto da Imola [16] (e in parte dallo stesso Serravalle) [17] nel disperdere ogni possibile traccia di « sonno » fisiologicamente inteso (verificatosi in « notte » materialmente concepita) non può non cogliere l'intrinseca forza dell'opzione qui fatta dall'*Ottimo Commento* su dettaglio maggiormente controverso del Proemio infernale.

b) *Diagnosi della « immaginativa »*.

Lo stesso dicasi dei vari passi cui Dante affida le proprie definizioni metodologiche in fatto di dinamismo contemplativo. Una riprova lampante ci proviene dai versi 13-18 di *Purg.* XVII (« O imaginativa che ne rube... »).

Qui introduce l'autore nella sua immaginativa certe immagini di persone. Alza la boce a dire della virtù di questa potenza immaginativa, dicendo ch'ella è tanta alcuna volta, ch'ella raccoglie sì l'uomo tutto a sè, che cosa che sia di fuori né vede, né ode, né sente, eziandio se sonassero molte trombe. A questo s'accorda quello, ch'è detto di sopra nel quarto capitolo di questa Cantica, che una potenza dell'anima, quando uomo attende bene ad essa, s'occupa sì, che tutte l'altre sono in quiete e posa. E soggiunge per via di domanda: Chi move te ec. Quasi dica neuno; perocché la immaginativa si fonda in su le cose sensibili, siccome in più note e più manifeste. E soggiunne: ma tu non eri ora mosso da cose

---

[14] *Ott. Comm.*, ed. cit., vol. I, p. 3.

[15] Mi richiamo allo sbrigativo « videretur quod esset somnus... Tamen dic, ut praemisi, quod ad tempus humanae vitae se refert... » con cui Pietro Alighieri liquida l'interpretazione aristotelica data da vari altri commentatori al « mezzo del cammin di nostra vita ».

[16] Vedasi, a questo proposito, il testo opportunamente rievocato dal mio collega M. WELBER a p. 221.

[17] Basterà, ad esempio, ricordare il preciso « obdormivit per speculationem mentalem » con cui Giovanni da Serravalle intensifica in apertura di *Inf.* IV il « fingit quod sopitur » con cui, al termine di *Inf.* III, aveva commentato il verso « e caddi come l'uom che 'l sonno piglia ». Cfr. *Fratris Johannis de Serravalle Ord. Min. Translatio et Comentum totius libri Dantis Aldigherii cum textu italico Fratris Bartholomaei a Colle eiusdem Ordinis*, Prato 1891, p. 59 e p. 62.

sinsibili; ma certo da quello lume, che si informa per sé, o per volere, che lo scorge giù, a' mortali per speciale grazia. Virtù immaginativa è detta quella, che la forme, prima dalli particulari sensi ricevute, avvegnach'elle sieno absenti, aprende. Onde l'Autore vuole dire: nello mio senso avea ricevuto prima le infrascritte cose, che nella mia fantasia proverò. Adunque la fantasia le seguenti cose, per la illuminazione di Dio, le pinse in me. La fantasia è quella virtù, la quale le forme, secondo loro similitudine, che l'uomo ha apprese per li sensi particulari, in tutto o in parte apprende [18].

Non ci vuole molto (soprattutto se ci si premura di confrontarlo con l'assoluto silenzio praticato da Pietro Alighieri [19] su questo medesimo punto) per avvertire il vivo interesse con cui l'*Ottimo Commento* insegue, fin nei minimi particolari, l'autentico caposaldo del dinamismo contemplativo qui teorizzatoci da Dante.

In questo, tutto nuovo, contesto un puro esercizio di schedatura [19bis] basterà a farci vedere in luce completamente diversa la pun-

---

[18] *Ott. Comm.*, ed. cit., vol. II, pp. 299-300.

[19] Rinvio ancora alla documentazione offerta in merito da G. MESSORI. Vedasi « Descrive un sogno ovvero visione ».

[19 bis] *Inf.* III v. 136 (« *e caddi come l'uom cui sonno piglia* »). « E pone fine a questo capitolo: nella conclusione del quale pone uno tremuoto e uno baleno, di che l'Autore cadde tramortito, a denotare che passò il fiume senza alcuna molestia di sentimento ». - *Proemio* c. IV *Inf.* - « Scritto è nella fine del precedente capitolo come l'autore per certo accidente perdé ciascuno sentimento, a guisa di uomo che per sonno vinto cade. Ora nel principio di questo canto sè continuando dice, che il detto sonno (fu interrotto: n.d.e.) per un tuono » - *Purg.* XVIII vv. 139-145 (« *poi quando fuor da noi tanto divise...* ») « Segue suo poema: e mostra ch'entrasse in suo pensamento e che li venissero nella immaginativa più altre storie, tanto che elli assonnò, e poi venne in sognare ». - *Purg.* XXVII vv. 91-94 (« *sì ruminando e sì mirando in quelle* »). - « Descrive uno sogno o vero visione... ». - *Purg.* XXVIII vv. 37-39 (« *e là m'apparve, sì com'elli appare...* »). « Ecco che la visione, che l'Autore scrisse nel precedente capitolo si verifica in fatto ». - Sparsi, inoltre, nel contesto dell'opera ci sono alcuni passi assai significativi. *Purg.* IX (Proemio). « Nella prima parte descrive l'ora del presente tempo e la disposizione del Cielo, per verificare una sua visione... nella quale ora la mente umana è più lontana dalli moti della carne e dai moti irascibili e concupiscibili, e meno è occupata da pensieri e sollecitudini corporali, e per conseguente è più in sè, e più opera sua virtù; la quale mente è fatta alla immagine di Dio, e per conseguente in quella ora li sogni suoi hanno più vera significazione e sono più significativi ». « *In sogno mi parea* » è questa la seconda, dove elli introduce una visione significatrice di ciò che li segue immantinente, sì come la visione scritta infra, cap. XIX Purgatorii: « *Nell'ora che non può il color diurno* ». - *Purg.* IX vv. 13-18 (« Ne l'ora che comincia i tristi lai... ») ... e soggiunge la cagione, perché il sogno dee allor esser più vero, dicendo che la mente è più in quiete e riposo, e per conseguente quasi divina ». - *Purg.* Proemio c. XIX. « Dico, che prima descrive il tempo, che gli apparve in sogno una femmina così fatta, come dice il testo. E dice che fu nell'aurora, per volere mostrare che cotale sogno era significativo del futuro vero, sopra il quale sogno o vogli visione, egli fonda il suo trattato, siccome fa in alcuni altri

tuale annotazione onirica dall'*Ottimo Commento* sempre praticata; a cominciare da quel « e caddi come l'uom cui sonno piglia » [20] così lontano, ad esempio, (nell'interpretazione dell'*Ottimo*) dallo svuotamento onirico praticato dal Serravalle in omaggio al suo presupporre di mera « visio in somniis » (e non già « in somno » [21]).

Il tutto lo si integri, infine, con l'incidenza che il gran tema dei veritieri sogni mattutini ha in vari punti del Poema Sacro; come, ad esempio, in questa annotazione ad *Inf.* XXVI, v. 7 (« Ma se presso al mattin del ver si sogna... ») dove l'accenno alle sventure di Firenze viene orchestrato in termini di perfetta ambivalenza con quanto asseribile per l'intera genesi del Poema Sacro:

> ... e potemo ora dire, che l'Autore *voglia recare tutta questa opera a una sua visione* fatta presso alla mattina, allora quando se mai li sogni sono significativi di veritade hanno a essere veritieri: e la cagione è siccome elli pone, cap. IX Purgatorii [22].

---

capitoli. -*Purg.* XV vv. 115-117 « *Quando l'anima mia tornò di fori...* ») « Quando il suo animo tornò dalla detta visione alle cose, che sono fuori di lui vere, elli riconobbe li suoi errori non falsi, cioè non li riconobbe con falsa apparenza ». - In questi passi è esaltata chiaramente la capacità di attingere al vero da parte della mente umana, quando essa è libera dai pensieri più immediati: il che, in termini moderni, vuol dire esattamente riconoscere la validità di un'esperienza di affioramento del subconscio. Il tema della mente che si fissa tutta in qualcosa, così da perdere ogni altra facoltà, ritorna poi spesso: *Purg.* c. XXXII (Proemio): « ... così (dimostra elli) colli occhi fissi ed attenti a disbramarsi la decenne (cioè decima) dubitazione stavasi mirando in Beatrice, che tutti gli altri sensi udire, sentire, odorare, ecc... (sic) erano in lui spenti, perché questa dubitazione l'aveva sì compreso del tutto, ch'a nulla altra potenza intendeva l'anima, ut supra cap IV *Purg.* in principio ». - La « visione estatica » viene definita (in ciò avvalendosi del già prefato tracciato laneo) direi quasi tecnicamente in *Purg.* XV vv. 85-88 (« *Ivi mi parve in una visione...* »). « Dice che li parve una visione estatica. Chiosa uno qui, che estatica viene a dire quando la mente non è alienata da stupore, ma da alcuna revelazione, che la tira ed occupa sì tutta, che altra operazione, né possanza vi opera ». (Cfr. *Comedia di Dante Allagheri col commento di Jacopo della Lana.* Edizione curata da L. SCARABELLI, Bologna 1866, p. 172 dov'è dato ritrovare il precedente tracciato lanèo).

[20] Continuat (*così leggiamo in ripresa di Inf. IV*) autem auctor hoc principium capituli presentis cum fine capituli prepositi, dicens: Rupit michi somnum in capite unum grave tonitruum; quia in fine precedentis capituli auctor *obdormivit per speculationem mentalem,* modo excitatur a tonitruo gravi ». Ancor più svuotata ci appare la fenomenologia onirica in quanto ci è dato leggere poco dopo. « Ecce, si vellet, vigilando, describere quomodo ivit de una ripa in aliam, multam materiam haberet tractare et longa verba dicere; sed adbreviat; dormivit; dormiendo transivit ad aliam partem, non tractando spatia per que transivit ». (*Fr. Johannis de Serravalle Ord. Min. Translatio et Comentum totius libri Dantis Aldigherii cum textu italico Fr. Bartolomaei a Colle eiusdem Ordinis*), Prato, 1891, pag. 62 e 63.

[21] Per questa sottile distinzione tra « visio in somniis » e « visio in somno » rinvio ancora al testo di Benvenuto da Imola riportato dal mio collega M. Welber a p. 221.

[22] *Ott. Comm.*, ed. cit., vol. I, p. 441.

IV. La figura di Beatrice vista in controluce del ritratto offertoci da Jacopo della Lana.

Al riscontro qui sopra praticato assumendo come termine di confronto talvolta Pietro Alighieri talaltra Benvenuto da Imola od altri, qui ne preferisco uno sistematicamente condotto su falsariga alquanto più intenzionale da parte dello stesso autore di cui ci occupiamo e, quindi, anche alquanto più ufficiale.

Ho già accennato al problema della maggiore o minore dipendenza dell'*Ottimo* dal Laneo. Quanto lì detto (che, cioè, l'*Ottimo* prende molti spunti dal Laneo, ma se ne distacca poi spesso e talvolta anche in modo assai originale) risulta in effetti assai chiaro leggendo ciò che di Beatrice dicono i due commenti. Ogni chiosa dell'*Ottimo* a questo proposito può idealmente dividersi in due parti: una prima in cui l'*Ottimo*, attenendosi al Laneo, con interpretazione rigidamente allegorica, vede in Beatrice la personificazione della Teologia; una seconda in cui, invece, Beatrice è veramente la donna amata da Dante in vita, abbandonata poi per altri amori ed insieme alla quale il Poeta ora compie un'esperienza vitale.

Assai utile, all'uopo, ci sarà una schedatura avviata da *Purg.* XXX:

a) *Proemio*

Si introduce qui Beatrice, la quale pone per la teologica scienza, per la quale diviene in cognizione della triunfante Gerusalemme: la quale innanzi ad ogni altra dimostrazione dichiara e dimostra come l'autore amò certo primo e poco tempo lei, la cui cagione fu il poco conoscimento che ebbe della cosa amata; e poi procede, come per amore delle cose temporali e sensibili abbandonò l'amore dell'eterne ed invisibili... E più laicalmente si potrebbono porre a lettera le parole di Beatrice, prendendo lei semplicemente per quella Madonna Beatrice che egli amò con pura benivolenza (siccome mostra nelle sue canzoni, e nella sua Vita Nuova); la quale partita dal mortale corpo tosto dimenticò, ed amò quella per la quale disse: « Io mi son pargoletta bella e nova ». Onde disse Beatrice: « ... ma tu abbandonasti il perfetto amore per lo vano, là dove lo intento desti in cosa mortale ed in corruttibile, tosto transitoria; ma io per questo non abbandonai di amare te, ma continovo per te orai il sommo Creatore, e sovente t'ammonii in sogno, che tu ti rimovessi da quelle vanitadi [23].

---

[23] *Ott. Comm.*, ed. cit., vol. II, pp. 524-525.

Ben più scarno e meno significativo è il corrispondente passo proemiale di Jacopo della Lana:

Divide il canto in tre parti e dice: « La prima tocca come ci apparve Beatrice che è la felicità somma [24].

b) *Purg. XXX,* vv. 32-37 (« donna m'apparve sotto verde manto... »).

Qui descrive Beatrice, cioè teologica veritade, in forma di una donna vestita di colore flammineo, e di sopra uno manto verde, in testa uno velo, e sopra esso una grillanda d'ulivo. Ulivo a denotare sapienza, verde a significare eternitade e speranza; vermiglio, accendimento d'amore [25].

Ed ecco il passo corrispondente di Jacopo della Lana:

Dice ch'ella avea sovra lo velo una ghirlanda di foglie di ulivo, e avea uno manto verde, sotto lo quale stava ammantata e lo suo vestimento era di colore di fiamma, cioè vermiglio [26].

Come si vede i due passi sono analoghi; ma ora l'*Ottimo* continua:

Cioè, senza guardarla più, per la virtù occulta che da lei in me radiò, io sentii la grande potenza dell'antico amore, ch'io le portai, il quale amore mi avea ferito prima ch'io fossi fuori dell'etade della puerizia. E questo quanto alla laicale sposizione, e secondo la corteccia di fuori; perocché è a littera parola di Vergilio nell'Eneide, dove Dido, innamorata d'Enea, dice ad Anna sua suora: " O sorore, io cognosco il fuoco dell'antica fiamma ". E l'Autore in sua canzone dice: " Io sento sì d'amor la possanza "; ma più midolluta ed intrinseca sposizione si può dire: che ora li dà virtù lo primo desiderio, che ebbe di teologia nella sua giovinezza, sì che rinsanguina quella fedita [27].

Siamo (come subito è dato rilevare) in ben diverso contesto da quello in cui si tutela un Jacopo della Lana col suo preciso scandirci:

Io pogno Beatrice per allegoria essere la scienza di teologia ed in-

---

[24] Jacopo della Lana, *op. cit.*, vol. II, p. 359.

[25] *Ott. Comm.*, ed. cit., vol. II. p. 530.

[26] Jacopo della Lana, *op. cit.*, vol. II, p. 361.

[27] *Ott. Comm.*, ed. cit., vol. II, p. 531.

troducola a tale essere un sermone poetico, e però l'adorno di segni poetici [28].

c) *Purg.* XXX, v. 43 (« Volsimi alla sinistra col rispitto... »).

L'*Ottimo* commenta:

Dice l'autore che per la stupidezza ed occupazione, che avvenne della sua virtù intellettiva per la chiaritade, ed eccellenza di lume, che percosse in lui mosso da Beatrice, elli si volse verso il lato sinistro [29].

Il Lana dice invece soltanto:

Nota che la cogitazione umana è alla sinistra per rispetto alla contemplativa [30].

d) *Purg.* XXX, v. 121 (« Alcun tempo il sostenni col mio volto... »).

Commenta l'*Ottimo*:

Dice qui Beatrice in reprensione di Dante, che declinando lo Autore a lascivia e vanitade, ella il sostenne per alcuno tempo con la bellezza del volto suo, conducendolo in parte diritta e virtuosa. E questa lettera ha due sposizioni: l'una puoi riferire, ch'elli parli di Beatrice, in quanto ella fu tra i mortali corporalmente, che aveano tanta forza le sue bellezze in Dante, che toglievano da lui ogni malo pensiero, e inducevano e cercavano ogni pensiero buono, secondo che appare in sue Canzoni, e in suoi Sonetti, e ancora di messer Cino da Pistoia, dov'elli disse di lei. L'altra è da riferire a spirito ed intelletto, che l'Autore incominciando lo studio di teologia infino da fanciullo, al quale era ottimamente abituato, come dice cap. XV Inf., che questo studio per più tempo il sostenne e difese da non cadere nelle lascivie e viziositadi del secolo [31].

Il Lana dice soltanto:

Cioè in puerizia dove l'autore non cercava circa le sue cognizioni ragione alcuna, e a lui soddisfacea *quia sic est* [32].

---

28 Jacopo della Lana, *op. cit.*, vol. II, p. 361.
29 *Ott. Comm.*, ed. cit., vol. II, pp. 531-532.
30 Jacopo della Lana, *op. cit.*, vol. II, p. 361.
31 *Ott. Comm.*, ed. cit., vol. II, pp. 539-540.
32 Jacopo della Lana, *op. cit.*, vol. II, p. 366.

e) *Purg.* XXX, v. 124 (« Sì tosto, come in su la soglia fui... »).

Dice l'*Ottimo*:

E questo testo similmente puote avere due sposizioni: la prima così: sì tosto; com'io fui nel grado della seconda etade, cioè li venticinque anni, mutando io abiti e costumi, questi si partì da amarmi; e diessi altrui, ad altra più giovane. Ovvero vuol dire: come l'Autore ebbe udita la prima e più lieve parte di teologia, ed incominciò ad udire la seconda e più alta, si abbandonò allo studio, e diessi alli poeti dilettabili, e diri vani, simili alle Sirene [33].

Lo stesso verso viene così spiegato, in modo fortemente riduttivo, da Jacopo della Lana:

Cioè che (*Dante*) volle ragionare e in tutte le cose domandare dimostrazione a senso, diventò di teologo filosofo; abbandonando teologia ed ogni argomento ab auctoritate [34].

f) *Purg.* XXX, v. 127 (« Quando di carne a spirto era salita... »).

Contro un *Ottimo* costantemente incline al binario delle due possibili interpretazioni, il Lana insiste sulla medesima spiegazione già data per il v. 124:

Cioè che quando teologico trattava più di spirituali cose, ella più dispiacea all'autore. Ond'elli è da sapere che la scienza di teologia hae a trattare di Dio, delli angeli, dell'anima umana e de li atti umani. E però in quanto l'autore vedea che ella trattava degli atti umani alcuna cosa, vi si dava e conformava, ma quando vedea che la ditta scienza trascendea alle spirituali cose, non l'avea cara né gradita, né vi prestava le orecchie né senso; e quasi a dire che lo Autore avea l'animo perverso [35].

g) *Purg.* XXX, v. 133 (« Né l'empetrare spirazion mi valse »).

Dice il passo dell'*Ottimo*:

E questo si puote esponere in due modi: o che in sogno Beatrice, donna di mortale ad immortale secolo trapassata, l'ammonisse, come ha detto di sopra, cap. XXVII di questo Cantico; o vero, che l'affezione

---

[33] *Ott. Comm.*, ed. cit., vol. II, pp. 540-541.

[34] Jacopo della Lana, *op. cit.*, vol. II, p. 366.

[35] Jacopo della Lana, *op. cit.*, vol. II, p. 366.

ch'elli avea allo studio di Teologia, ed in sogno altrimenti li mostrasse [36].

Ed ecco il passo del Lana:

Qui vuole l'autore mostrare, che essendo in sì perverso stato, visioni alcune li avvenisse per correggere sua selvaggia via [37].

h) *Purg.* XXXI, vv. 49-55 (« Mai non t'appresentò natura o arte... »).

Il passo è particolarmente importante perché getta una luce significativa sulla concretezza del rapporto tra Dante e Beatrice, contro l'interpretazione soltanto allegorica di Jacopo della Lana.

Ecco il passo dell'*Ottimo*:

Dice Beatrice: " Poiché la mia carne e le belle membra, che tanto piacere ti rappresentarono, erano fallite (il quale fu il primo strale delle cose fallaci, che più ti punse), tu non dovevi attendere, né operare sì che un altro te ne fosse saettato". E dice, che né quella giovane, la quale elli nelle sue Rime chiamò Pargoletta, né quella Lisetta, né quell'altra montanina, né quella né quell'altra li dovevano gravare le penne delle ali in giù, tanto ch'elli fosse ferito da uno simile, o quasi simile strale [38].

Ed ecco quello del Lana:

Ben ti dovevi, per lo primo strale: cioè che poiché t'avvedesti che le scienze diverse da me erano frivole, perché ti lasciasti tanto aggiungere che tu, se non fosse il mio soccorso, eri in istato di perdizione? [39].

i) *Purg.* XXXII, vv. 1-6 (« Tant'eran li occhi miei fissi e attenti... »).

Ecco il commento dell'*Ottimo*:

... ora dice, che tanto avea lo intelletto diritto in queste dieci qualitadi conoscere in Beatrice, che tutti gli altri sensi, cioè affezioni erano in lui spente, e che esse qualitadi mostravano, che d'altro non avesser cura, che di Beatrice sola; sì li avea tratti a sè con l'antico amore: « Ante saecula creata sum, et usque in futurum non desinam » [40].

---

[36] *Ott. Comm.,* ed. cit., vol. II, p. 541.
[37] Jacopo della Lana, *op. cit.*, vol. II, p. 367.
[38] *Ott. Comm.*, ed. cit., vol. II, p. 549.
[39] Jacopo della Lana, *op. cit.*, vol. II, p. 373.
[40] *Ott. Comm.*, ed. cit., vol. II, p. 562.

Come al solito è più laconico il Lana:

> Dieci anni erano passati che Beatrice era morta, ed elli avea avuto fede di vederla; quasi a dire che dieci anni stesse vagabondo ed errante [41].

l) *Par.* X, vv. 59-63 (« E sì tutto 'l mio amore in lui si mise »).

Ecco il commento dell'*Ottimo*:

> E dice che sì devoto e fervente di amore si mise in Dio, che Beatrice eclissò cioè si velò, dimenticando sé; quasi dica: uscì di sé, maravigliandosi. Qui si dirizza alla terza parte, e dice, che dopo il referire grazie, nel quale atto tutto sé unio, e si volse a Beatrice donde ricevette conforto alla virtù visiva, cioè contemplativa [42].

Questi ultimi due passi sono fra i più significativi, perché in essi la Beatrice dell'*Ottimo* appare veramente il tramite che conduce Dante ad una esperienza mistico-contemplativa.

Il Lana, invece, nel Proemio dello stesso canto, ribadisce la allegorizzazione di Beatrice:

> Ancora pone per allegoria la eccellente chiarezza di teologia, la quale è più mera della luce del sole... E però allegorizzando vogliendo l'autore mostrare sua nobilitade, cioè di teologia, figura e descrive Beatrice essere più splendida che 'l sole [43].

V. Postilla dal codice friulano del sec. XIV di S. Daniele sul Tagliamento.

Penso di cooperare ad ulteriore chiarezza, nei confronti delle responsabilità interpretative che mi sono assunta rispetto alle oscillazioni dell'*Ottimo Commento*, riprendendo un breve passo dal codice friulano di S. Daniele, che è stato in parte edito da G. Grion [44]. Anzitutto, però, mi sembra indispensabile discutere, sia pure brevemente,

---

[41] Jacopo della Lana, *op. cit.*, vol. II, p. 380.
[42] *Ott. Comm.*, ed. cit., vol. III, p. 248.
[43] Jacopo della Lana, *op. cit.*, vol. III, p. 165.
[44] G. Grion, in *Il Propugnatore*, anno 1868, vol. I, pp. 332-335: 435-464.

i gravi problemi di attribuzione del commento ai primi tre canti dell'*Inferno* riportato da questo codice.

Il De Batines [45] e il Viviani [46] ritengono che questo commento sia da attribuire a Jacopo della Lana; il Witte [47], il Rocca [48], il Vandelli [49] pensano che si tratti dell'*Ottimo*. Il Grion sceglie una soluzione, in qualche modo, mediana [50].

Il Viviani lo volle di Jacopo della Lana, il Witte di Andrea Lancia: a torto ambedue, ove il Laneo risponda all'edizione Vindeliniana, e l'Ottimo sia all'indigrosso quello che abbiamo per le stampe. All'invece il vero sarà, parmi, che il teologo toscano compilatore del commento sandanielese si valse liberamente e della compilazione dell'Ottimo e del lavoro originale del Lana, seguendo però una trama tutta sua.

Come noi sappiamo però ormai bene, il Grion parte da una premessa sbagliata: l'*Ottimo commento* dato alle stampe dal Torri non rappresenta che una delle tre redazioni. Confrontando allora questo codice con quello che abbiamo affermato riportare nel modo più integrale e fedele la seconda redazione del commento, cioè il Riccardiano 1004, notiamo che le rispondenze sono notevolissime, a parte il fatto che nel sandanielese manca il proemio generale. Potremo allora affermare con il Rocca [51] che questo frammento appartiene ad una seconda redazione dell'*Ottimo*.

Queste premesse erano indispensabili per comprendere l'importanza decisiva del passo che ora citerò, ai fini di una più chiara definizione delle oscillazioni dell'*Ottimo* tra « visio » e « fictio ».

Si tratta, ancora una volta, dello spinoso problema di *Inf.* I, 1: « Nel mezzo del cammin di nostra vita... »; ma si veda con quale nuova forza e decisione viene affrontato in questo passo. In apertura troviamo non solo la interpretazione « tradizionale » del verso, ma

---

45 *Bibliografia dantesca,* compilata dal Sig. Visconte C. DE BATINES, Prato, Alberghetti, 1846-47.

46 VIVIANI, *Tavola dei testi a penna,* in « La Divina Commedia giusta la lezione del codice Bartoliniano », vol. I, Udine 1823.

47 K. WITTE, *Die beiden ältesten Commentatorem von Dante's Göttlicher Komoedie,* in « Dante-Forschungen », Heilbronn, vol. I.

48 L. ROCCA, *op. cit.,* p. 233, nota 1.

49 G. VANDELLI, *art. cit.,* p. 115, nota 1.

50 G. GRION, *art. cit.,* p. 333.

51 L. ROCCA, *op. cit.*

anche una lunga classificazione di tipo scolastico delle età dell'uomo; dopodiché l'*Ottimo* continua:

> Vuole dunque dire l'autore, che quando comincioe questa sua opera, era d'etate di 35 anni, ch'è nel mezzo camino della vita. E in questa etade debbano gli uomini, umanamente perfetti quanto si può, lasciare vizj e seguire virtudi, dolersi del tempo corso per li vizj e volger li passi al monte delle virtudi. Ovvero mezzo cammino della vita umana è il tempo della notte; tanto è in questo mondo tempo di luce quanto di tenebre. E l'autore *per modo d'una visione* pone questa sua opera, come si pruova *a più luoghi*. E visioni e sottili immaginazioni per lo più vengono in tempo della notte, quando l'anima dell'uomo è pura, raccolta in sé, e più partita dalle cose temporali [52].

Qui vengono ben esplicitate almeno due importanti affermazioni, che vanno a confermare in pieno passi della prima redazione, da noi già ampiamente commentati. Si ribadisce, cioè, che Dante pone la *Commedia* « per modo d'una visione »: dico « si ribadisce », perché l'affermazione appariva già ad *Inf.* XXVI, v. 7 [53]; ma se là poteva essere equivocabile nel contesto, qui appare perfettamente chiara e non suscettibile, a mio parere, di altra interpretazione che quella mistico-onirica.

Importante è anche la sottolineatura intorno alla dinamica della visione: ovvio, a questo punto, il richiamo a *Purg.* IX, vv. 13-18 e a *Purg.* XV [54], vv. 115-117, sottolineando però che qui l'affermazione è tanto più notevole quanto più è di ordine generale: ci si riferisce cioè non ad un singolo sogno, ma alle visioni nella loro globalità.

DANIELA BERTOCCHI

---

[52] G. GRION, *art. cit.*, pp. 335-336.
[53] Cfr. p. 236 di questo stesso saggio.
[54] Cfr. la nota 19 bis, alle pp. 235-236 di questo stesso saggio.

Settore filologico testuale

POSTILLA SULLA COERENZA ONIRICA DELL'ANTICA VULGATA

(contributo collettivo)

Il termine di « postilla » chiamato a riassumere, qui nel titolo, le considerazioni che verranno sviluppate vuol giustificarsi col più ovvio dei significati individuabili là dove si tratta di contributo effettivamente collettivo. « Postilla » ovvero sia deposito che ognuno di noi ha qui fatto dell'aspetto più spiccatamente linguistico emerso nella propria ricerca, com'è ad esempio facilmente deducibile dal confronto tra il primo dettaglio linguistico su cui insisteremo (il « più da la carne e men da' pensier presa » di *Purg.* IX) e l'analogo rilievo leggibile pagine innanzi nel saggio su Pietro Alighieri [1].

C'è, per caso, nelle nostre intenzioni anche la mal celata volontà di voler stabilire un nesso tra il progressivo smarrimento onirico avutosi in seno all'esegesi trecentesca e la crescente corruzione verificatasi nello stesso tessuto testuale? C'è senz'altro (perché negarlo?) questa, per niente « mal celata » volontà, ma non più di quanto sia consentito dal normale buon senso in problema irto di difficoltà infinite, sì da dover subito apparire tremendamente presuntuoso l'addentrarvisi senza la magistrale attrezzatura scientifica di G. Petrocchi [2], da cui qui dipenderemo in tutte le conclusioni più propriamente filologiche.

---

[1] Vedasi quanto già anticipato da G. Messori a p. 187.

[2] G. Petrocchi dimostra in modo assai lucido e serrato, nella sua « Introduzione » a *La Commedia secondo l'antica vulgata*, A. Mondadori Editore, Milano 1966, Vol. I, come la attendibilità dei codici della vulgata sia notevolissima, mentre invece la tradizione seriore, oltre ad essere fortemente corrotta, non è portatrice di alcuna lezione che non preesistesse già nella vulgata. Schematicamente semplificando un

In breve, il nostro vorrà essere non tanto un discorso a tesi, quanto (più modestamente!) una normale rassegna della concreta storia dei capisaldi testuali ai quali più deve rivolgersi un'indagine oniricamente impegnata. Né con ciò cozzerà il fatto d'un avvio preso proprio dal dettaglio che meglio si presta come possibile nesso tra svuotamento onirico e smarrimento testuale: il già ricordato caso di Pietro Alighieri, su cui lo stesso Moore non riesce ad astenersi da un ironico [3] « There seems little doubt that Pietro is wrong and the *lect. vulg.* right » [4].

I punti sui quali ci soffermeremo sono soprattutto tre:

1. l'impegno fenomenologico da Dante esplicato nella seconda cantica,
2. la metodologia dei « travagliamenti » bilanciata tra *Purg.* XXXI e *Par.* XXXIII,
3. gli estremi di un arco onirico oscillante tra *Inf.* I e *Par.* XXXII.

---

problema assai complesso, si potrebbe dire quindi che l'« editio » boccaccesca, esprimentesi nei tre codici To Ri Chig (tutti derivanti da Vat) divide in due la tradizione. Da una parte abbiamo la *prima tradizione* (1321-55), corrotta, sì, in parecchi luoghi, ma sempre entro limiti valutabili con relativa facilità da un filologo sufficientemente scaltrito; dall'altra abbiamo la *seconda tradizione* (post-boccaccesca), in cui la corruttela è proliferata in modo assai disordinato, intaccando così a fondo il testo, da rendere impossibile non diciamo una utilizzazione di tutti i codici, ma anche una loro classificazione e la conseguente « eliminatio ».

[3] E. Moore, *Contributions to the textual criticism of the Divina Commedia, including the complete collation throughout the Inferno of all the mss. at Oxford and Cambridge*, Cambridge 1889, pp. 385-386.

[4] Forse non è male, per la comprensione del discorso successivo, riepilogare sia pur brevissimamente i criteri in base ai quali all'interno degli stessi codici della vulgata, il Petrocchi sceglie una lezione piuttosto che un'altra. Premettendo che con α si indicano, grosso modo, gli antichi codici fiorentini e con β i codici derivanti dal sub-archetipo padano, si può dire che:

a) in caso di concordanza di α e β, la relativa lezione va sempre prescelta

b) in caso di discordanza e mancando elementi interni o esterni dirimenti, si deve preferire la lezione di β

c) nel caso che la lezione di β non sia accettabile, all'interno di α vanno preferite nell'ordine:

I) Triv o Mart Triv

II) La

III) *b* (Ash Co Gv).

In genere, del resto, *b* concorda con *c* (o con parte di *c*: o anche *c* con parte di *b*). Non sembri troppo pedante un altro dettaglio atto, a nostro avviso, a chiarificare alquanto le citazioni in forma abbreviata cui abitualmente si procederà:

1) L'IMPEGNO FENOMENOLOGICO.

a) *Purg.* IV, vv. 7-12

E però, quando s'ode cosa o vede
che tegna forte a sé l'anima volta,
vassene 'l tempo e l'uom non se n'avvede;
ch'altra potenza è quella che l'ascolta,
e altra è quella c'ha l'anima intera:
questa è quasi legata e quella è sciolta.

b) *Purg.* IX, vv. 13-18

Ne l'ora che comincia i tristi lai
la rondinella presso a la mattina,
forse a memoria de' suo' primi guai,
e che la mente nostra, peregrina
più da la carne e men da' pensier presa,
a le sue vision quasi è divina.

Ash = Ashburnamiano 828 della Bibl. Medicea Laurenziana di Firenze.

Cha = 597 del Musée Condé di Chantilly.

Chig = Chigiano L VI 213 della Bibl. Apostolica Vaticana.

Co = 88 della Bibl. Comunale e dell'Accademia Etrusca di Cortona.

Eg = Egerton 943 del British Museum di Londra.

Fi = 4 20 della Bibl. Oratoriana dei Girolamini di Napoli.

Florio = Udine, Bibl. dei Conti Florio.

Ga = Gaddiano 90 sup. 125 della Bibl. Medicea Laurenziana di Firenze.

Gv = 46 della Bibl. dei Marchesi Venturi Ginori Lisci di Firenze.

Ham = Hamilton 203 della Deutsche Staatsbiblioteck di Berlino.

La = 190 della Bibl. Com. Passerini Landi di Piacenza.

Lau = 40 16 della Bibl. Medicea Laurenziana di Firenze.

Laur = 40 2 della Bibl. Medicea Laurenziana di Firenze.

Lo = 35 della Bibl. del Seminario di Belluno.

Mart = copia del Martini in Aldina AP XVI 25 della Bibl. Naz. Braidense di Milano.

Pr. = Italiano 539 della Bibl. Nat. di Parigi.

Ri = 1035 della Bibl. Riccardiana di Firenze.

Ricc = 1010 della Bibl. Riccardiana di Firenze.

To = 104 6 della Bibl. del Cabildo di Toledo.

Triv = 1080 della Bibl. Trivulziana di Milano.

Tz = 1077 della Bibl. Trivulziana di Milano.

Urb = Urbinate latino 366 della Bibl. Apostolica Vaticana.

Vat = Vaticano latino 3199 della Bibl. Apostolica Vaticana.

c) *Purg.* XVII, vv. 13-18

O imaginativa che ne rube
  talvolta sì di fuor, ch'om non s'accorge
  perché d'intorno suonin mille tube,
chi move te, se 'l senso non ti porge?
  Moveti lume che nel ciel s'informa,
  per sé o per voler che giù lo scorge.

È costante abitudine, nei moderni commenti, il risolvere in dati autonomi spunti fenomenologici reciprocamente chiamantisi in Dante e come tali effettivamente accostati dall'esegesi trecentesca, come molto bene attestatoci da un Jacopo della Lana che così giustappone riassuntivamente, a livello di *Purg.* XVII, i tre dettagli definitori poco fa rievocati:

Or per seguire lo suo poema tocca d'una immaginazione, la quale elli fece, che lo raccolse tutto a sé, chè cosa che di fuori vedesse, non li fu conta. E però dice: ella, cioè la immaginativa, molte fiate astringe sì a sè l'uomo, che se mille trombe sonassero di fuori, elli non se ne accorgerebbe. E questo s'accorda con quello che è detto nel quarto capitolo di questa Comedia seconda, che una possanza dell'anima quando attende bene ad essa, la occupa sì, che tutte le altre sono in quiete e in posa. Cioè venneli in immaginativa la fabula della Filomena, della quale è trattato nel capitolo IX di questa seconda cantica [5].

Visti in termini di filologia testuale *Purg.* IV e *Purg.* XVII ci esibiscono una certa uniformità di lezioni [6]. Qui pure, però, tale indagine troverà materia d'interesse in certi dettagli tutt'altro che indifferenti sul piano esegetico.

È il caso di *Purg.* IV che ci prospetta una prima possibilità d'incontro con le aporie d'una filologia troppo aprioristicamente chiusa per i dinamismi della sensibilità qui chiamata a prevalere. A darcene prova, infatti, interviene M. Barbi [7] col suo palese fuorviare rispetto alla linearità del dettato dantesco:

ch'altra potenza è quella che l'ascolta,
  e altra è quella c'ha l'anima intera:
  questa è quasi legata e quella è sciolta.

---

[5] Jacopo Della Lana, *Commedia di Dante degli Ailagherii*, a cura di L. Scarabelli, Bologna 1866, vol. II, pp. 189-190.

[6] Cfr. G. Petrocchi, *op. cit.*, vol. II, pp. 53-54 nel primo caso e p. 280 nel secondo.

[7] M. Barbi, *Problemi di critica dantesca*, G. C. Sansoni Firenze 1934 (I serie), pp. 219-221.

Per il Barbi il « questa » va riferito all'anima intera; con ciò però si perde completamente il sottile gioco d'opposizione che a Dante preme fissare fra *facoltà intellettiva* [8] (quella che è in grado di « ascoltare » il tempo e che in simili casi è « sciolta ») e *facoltà sensitiva*, che, invece, in simili casi è chiamata a dare il meglio di se stessa, sì da potersi effettivamente ritenere « legata » all'anima intera.

Come già detto, però, non è qui che si lascia reperire il vero punto di discordia; per il quale più rivelatore sarà il terzo passo già inserito in questo trittico definitorio: *Purg.* IX vv. 13-18, dove le divergenze giungono ad incrinare lo stesso tessuto testuale ponendoci di fronte ad un'inortodossa lezione così formulata:

> e che la mente nostra, peregrina
> men de la carne e più da' pensier presa.

La « variante » reperibile in Pietro rivela il suo carattere coscientemente opzionale già alla luce dell'onusta tradizione che su questo spunto tematico gravava, vincolandone naturalmente il significato; tradizione, anzitutto, classica [9], ma, in pari tempo, anche tradizione sacra e per di più già lessicalmente protesa verso l'impiego mistico cui la dirige Dante, come deducibile dal « peregrinum... animi statum » di Riccardo cui vien fatto subito di pensare [10]. La chiosa di Pietro a questi versi suona in questo modo:

> In qua etiam hora matutinali mens nostra peregrina minus a carne et plus a cogitatione occupatur, et quasi indivina est [11].

presupponendo, ovviamente, un testo diametralmente opposto a quello abitualmente accettato.

In effetti la lezione qui tenuta presente

---

[8] Per una felice interpretazione in questo senso rinviamo a N. SAPEGNO, *Commento alla Divina Commedia*, R. Ricciardi Ed., Milano-Napoli 1957, p. 429. Ivi sono anche consultabili due citazioni di N. TOMMASEO, perfettamente in linea con quanto qui detto.

[9] Basti pensare al *De Senectute* di CICERONE, 80: « Atqui dormientium animi maxime declarant divinitatem suam: multa enim, quum remissi et liberi sunt, futura prospiciunt. Ex quo intelligitur quales futuri sint, quum se plane corporis vincilis relaxaverint ». E poche righe appresso: « Nec vero tum animum esse insipientem quum ex insipienti corpore evasisset, sed quum omni admixtione corporis liberatus purus et integer esse coepisset, tum esse sapientem ».

[10] « Mentis alienatio est quando praesentium memoria menti excidit et in *peregrinum* quendam animi statum... ». (*P.L.* 196 coll. 170).

[11] PETRI ALLEGHERII *super Danti ipsius genitoris Comoediam Commentarium*, curante V. NANNUCCI, Firenze 1845, p. 356.

e che la mente nostra peregrina
men da la carne e più da' pensier presa [12]

compare solo in Florio, Sien I VI 28, Laur 40 2; ma Laur 40 2 è del 1370, posteriore quindi di almeno trent'anni al commento di Pietro, e gli altri due codici sono addirittura del secolo XV; donde la priorità temporale (almeno sul piano dei documenti a noi noti) assegnabile alla variante di Pietro.

Suggestivo sarebbe pensare, a questo punto, ad una derivazione di Laur 40 2 (che fra l'altro, particolare non certo insignificante, ha il *Paradiso* col commento dell'*Ottimo*) dalle chiose di Pietro. Ma, anche senza addentrarci in così arduo problema, difficile sarebbe il voler sgravare completamente Pietro dalle responsabilità di corruttela di questo passo. Al più si tratterà di chiedersi se si sia veramente trattato solo di un puro errore, di una semplice svista come sembra presupporre il Moore, o se piuttosto non vi sia stata un'intenzionalità da parte del figlio di Dante, sempre preoccupato di tener lontana dal padre l'accusa di « visionario ».

Appare chiaro a tutti, infatti, la portata onirica del travisamento testuale. Pietro afferma energicamente che la mente umana può essere sì « quasi indivina » [13] quand'è lontana dal corpo, ma la lontananza di cui si parla è quella che deriva dall'esser lei tutta presa dai suoi pensieri. Contro questa ipotesi razionalistica [14] la vulgata afferma invece, con perfetta coerenza mistico-onirica, la necessità di una totale astrazione dai pensieri, per di più accompagnata da « status » di particolare

---

[12] Nel giro delle tormentate vicende testuali subite da questo passo non si ometta di ricordare anche la diversità d'ubicazione subita dalla virgola, ovviamente collocabile dopo « peregrina » laddove si accettasse la lezione supposta da Pietro (« e che la mente nostra peregrina, — men da la carne e più da' pensier presa... »). Ma è ipotesi cozzante contro il verdetto dei codici.

[13] Ancora una volta Pietro accoglie la lezione « indivina », segnalata da un solo codice, seppure autorevole ed antico come La (datato 1335), contro la ben attestata tradizione manoscritta « divina ». È vero che la sfumatura è minima e che qui poteva giuocare anche il ricordo di *Inf.* XX, 122, dove ritroviamo la stessa alternanza di lezioni. Ma certo questo ripetersi di travisamenti testuali in punti significativi è troppo frequente per essere casuale.

[14] La riprova del travisamento razionalistico cui soggiace questo scambio di posti tra « più » e « men » è già stata offerta nel testo. Doveroso, comunque, ci sembra il sottolineare ulteriormente la cosa confrontandola con la centralità di tradizione psicologica che militava in senso opposto. Vedasi in merito quanto già riportato in chiave tomista da P. Valori pagine innanzi: « Anima quando abstrahitur a corporalibus aptior redditur ad percipiendum influxum spiritualium sustantiarum... ».

speditezza fisica, come accade (ci fanno riflettere i più autorevoli commentatori [15]) a digestione avvenuta, quando cioè « lo cerebro è alleviato dalle fumositadi della stomacho » [16].

2) La metodologia dei « travagliamenti »

a) *Purg.* XXXI, vv. 121-122

Come in lo specchio il sol, non altrimenti
la doppia fiera dentro vi raggiava.

---

[15] Così l'*Ottimo Commento*: « ... e soggiunge la cagione perché il sogno dee allor esser più vero, dicendo che la mente è più in quiete e riposo, e per conseguente quasi divina ». (« *Ottimo Commento* » *della Divina Commedia*, Pisa, presso N. Capurro, 1828, vol. II, p. 128). E l'*Anonimo fiorentino* « ...et vuole mostrare che la mente umana in quella ora è più partita dalla carne, et meno presa dai pensieri ». (*Commento alla Divina Commedia d'* « *Anonimo fiorentino* » del sec. XIV, a cura di Pietro Fanfani, Bologna, presso G. Romagnoli, 1868, Vol. II, p. 151). Benvenuto da Imola dice (ci scusiamo per la citazione in italiano): « Ecco perché la rondine canta lamentando vicino al mattino *e che a mente nostra peregrina* più sciolta *dalla carne* cioè dai sensi e passioni *e men dai pensier presa* meno occupata dagli esterni oggetti *alle sue vision quasi è divina* quasi è presaga ed indovina del futuro ». (Benvenuto Rambaldi da Imola, *Commento latino sulla Divina Commedia di Dante Alighieri*, Galeati Ed., Imola 1856, Vol. II, p. 185).

[16] Il passo del Laneo è troppo ricco di dettagli perché si possa non cedere alla tentazione di riportarlo per intero: « Ancora per certificare meglio la detta ora, si dice: e che la nostra mente è più peregrina della carne, cioè più libera dalle passioni corporee. e meno oppressa ed occupata da' pensieri; per lo quale dispacciamento elle è quasi divina, cioè spirituale; ed antivede per visione di quello che poi avviene. Circa la quale cosa è da sapere che l'anima umana può in due modi hanno a denotare ciò. L'uno modo è quando per alcuna cagione spirituale gli è sapere di quello, che dee avvenire, siccome due sono le cagioni estrinseche, che gli hanno a denotare ciò. L'uno modo è quando per alcuna cagione spirituale gli è rivelato *de futuris*, siccome per angelo o demonio. L'altra cagione è per discorso, come per cagione di corpi celesti, li quali senza dubbio muovono le posssanze corporali; lo quale movimento muove la fantasia ed appareli entro quello, che è a venire, che sia effetto delle cagioni celesti. Or l'anima quando è più libera dalle passioni del corpo, ella riceve meglio tali impressioni, e sì le spirituali in perché si conforma meglio con esse; e sì le corporali, imperquello che altra passione non la lega. E questo avviene all'anima nel rompere del dìe, quando lo stomaco ha fatta la sua digestione, lo celebro è alleviato dalle fumositadi dello stomaco, l'uomo dorme che è libero da pensieri, l'aiere è quieto che non gli è alcuna mutazione; sicché l'anima è libera dalle intrinseche passioni e tutta disposta a ricevere di fuori; e però se li avviene ella provvede ciò, anzi vede di quello che è a venire. E però dice l'autore: in quella ora era quando la nostra mente è quasi divina, cioè nel rompere del dìe, com'è detto ». (*Commedia di Dante degli Allagherii col commento di Jacopo della Lana Bolognese*, a cura di Luciano Scarabelli, Tipografia Regia, Bologna 1866, Vol. II, p. 103).

Del tutto analogo è lo spunto del Buti, richiamatoci dal Moore: « il cerebro non è occupato dalla sua evaporazione ». (Moore, *op. cit.*, p. 386).

b) *Purg.* XXXI, vv. 124-126

Pensa, lettor, s'io mi meravigliava
quando vedea la cosa in sé star queta
e ne l'idolo suo si trasmutava.

c) *Par.* XXXIII, vv. 112-114

ma per la vista che s'avvalorava
in me guardando, una sola parvenza
mutandom'io, a me si travagliava.

Non sembri troppo lontana dal nostro assunto onirico l'attenzione che qui porremo sul nesso che lega *Purg.* XXXI e *Par.* XXXIII, soprattutto alla luce della lezione « si travagliava » anziché « si trasmutava » riscontrabile per il v. 126 in Co Laur, come tra poco vedremo con lo stesso Petrocchi.

In realtà la tecnica di « rispecchiamenti » insinuataci dal primo di questi tre passi è del tutto essenziale al definirsi del parallelismo esistente tra *Purg.* XXXI e *Par.* XXXIII, sì da risultare quindi in nesso assai intimo con l'intera fenomenologia visionaria che Dante per intero espliciterà in *Par.* XXXIII, vincolante però al tempo stesso l'interpretabilità proprio col parallelismo di cui ci stiamo occupando [17].

La linearità e l'immediatezza dell'immagine nella lezione vulgata è eccezionale. La comparazione non ha alcun valore letterario, ma scaturisce direttamente da una concreta esperienza di accostamento immaginistico: il sole riflette la sua unica immagine, permutandola, in uno specchio e allo stesso modo Dio, immutabile per essenza, si muta riflettendosi nell'inconscio di Dante (o meglio « muta » la sua immagine col mutarsi dell'inconscio stesso).

Eppure il passo si legge notevolmente corrotto, in codici anche molto antichi ed autorevoli. Si va da « come lo specchio il sol » di Ash (1335) e La (1336) a « come lo specchio al sol » di Pr (1340-50) a « come allo specchio sol » di Triv (1337).

Queste lezioni corrotte portano, come ognuno vede, ad un testo particolarmente contorto e ben lontano dalla concretezza immaginistica ravvisabile nell'edizione della vulgata.

* * *

Per quanto concerne gli altri due passi citati (*Purg.* XXXI, vv.

---

[17] Sul tal parallelismo aveva già insistito N. TOMMASEO, in *Commedia di Dante Alighieri*, vol. III, Nota al v. 114 di *Par.* XXXIII.

124-126 e *Par.* XXXIII, vv. 112-114), si esplicita pienamente in essi la metodologia dei « travagliamenti » che già compariva, come visto poco fa, nell'immagine dello specchio di *Purg.* XXXI vv. 121-122 [18].

Anche in questo caso lo studio del testo della vulgata ci porta un elemento d'interesse. Co e Laur infatti, al posto di « si trasmutava », del v. 126, hanno il ben più significativo (soprattutto se confrontato col passo di *Par.* XXXIII visto sopra) « si travagliava ».

A proposito della validità di tale lezione, valga questa nota del Petrocchi qui ripresa in diretta citazione:

> *Si travagliava* di Co Laur, se non è anticipo — e pare difficile — di *Par.* XXXIII, 114 è significativa variante equipollente (« si trasformava », « si trasmutava ») e viene a confermare il preciso senso del citato passo nell'ultimo canto del poema ove non è luogo a variante [19].

La chiamata in causa, in tale contesto, del verbo « travagliare » è giustificata, quindi, oltre che dall'analogia (universalmente valida) tra il riflettersi del grifo negli occhi di Beatrice e il riflettersi di Dio nell'inconscio di Dante, anche da una possibile coincidenza testuale, che fa da supporto filologico ad un discorso finora basato soltanto sull'evidenza delle immagini.

3) Gli estremi dell'arco onirico che soggiace al Poema Sacro

a) *Inf.* I, v. 61

> Mentre ch'i' rovinava in basso loco...

b) *Par.* XXXII, vv. 138-139

> quando chinavi, a rovinar, le ciglia.
> Ma perché 'l tempo fugge che t'assonna.

È appena il caso di ricordare che *Par.* XXXII, vv. 138-139 è stato uno dei passi più tormentati ai fini dell'interpretazione allegorica o,

---

[18] A proposito del significato preciso di « travagliare » è assai felice il Tommaseo poco fa ricordato: « travagliatori chiamavansi i prestigiatori » (*op. cit.*, ibidem). E il Cesari, cui lo stesso Tommaseo ci rimanda: « travagliatore è colui che con giuochi di mano fa travedere altrui, scambiandogli le cose sugli occhi ». (A. Cesari, *Bellezza della Commedia di Dante Alighieri*, Verona 1826, p. 634).

[19] G. Petrocchi, *op. cit.*, vol. III, p. 546.

al contrario, mistica della *Commedia*, come deducibile da una geografia d'interventi necessariamente comprensiva del trittico: Passerini-Barbi-Pagliaro, nonché del caso Palmieri abitualmente dimenticato anche da questo punto di vista.

Al Passerini [20] dobbiamo una prima affermazione notevolmente disponibile per la mistica « lectio plenior » cui il passo necessariamente conduce. Contro tale proposta insorge il Barbi entro un contesto confessatamente aprioristico (« Certo è che in tutta la *Commedia* Dante dà a credere d'aver fatto un viaggio reale pei regni ultraterreni, non d'aver avuto una visione nel sonno ») e di qui fa discendere una nuova proposta esegetica, additante nel « t'assonna » semplicemente « un richiamo alla sua (di Dante: n.d.r.) condizione di essere vivente » o, al massimo, un richiamo ad un momentaneo stato di contemplazione, nel quale, come dice S. Agostino (e la scelta di questa citazione ha un interesse tutto particolare) Dante « quasi dormiens vigilaret ».

Contro questa interpretazione riduttiva il Pagliaro [21] propone giustamente, secondo il suo canone della « metafora oggettiva », di estendere il « t'assonna » a tutto l'arco della *Commedia.*

Del tutto ineccepibile era stato in precedenza l'atteggiamento di D. Palmieri [22] che, coerentemente alla sua esplicita interpretazione mistica, ben vede in questi due versi l'esatta cronologia dell'esperienza onirica individuabile alla base del Poema Sacro. Il primo verso ci dà l'aprirsi dell'arco onirico (previa esclusione, naturalmente, delle altre assai grottesche [23] interpretazioni talvolta datesi al « chinavi... le

---

[20] Sia per il PASSERINI che per il BARBI, vedasi di quest'ultimo *Problemi di critica dantesca*, D.C. Sansoni, Firenze 1934 (I serie), p. 294.

[21] A. PAGLIARO, *Proemio e prologo della Divina Commedia*, in « Atti del convegno di studi su Dante e la Magna Curia » *cit.*, p. 28, nota 4. « È più ovvio intendere 'assonnare' come 'tenere nel sonno' in uso traslato. Dante non partecipa, durante il suo viaggio nell'oltretomba, alla vita terrena e, rispetto a questa, è come se dormisse. Egli come vivente partecipa al tempo terreno, ma, d'altra parte è ad esso estraneo, proprio come avviene nel sonno ». (*op. cit.*, p. 28).

[22] D. PALMIERI, *Commento alla Commedia*, Prato 1898, p. 42.

[23] Si pensi, ad esempio, alla proposta non una volta avutasi di additare in questo « chinavi a ruinar » l'atto di chi spalanca gli occhi, inorridito di fronte al baratro in cui sta per cadere. In tal senso si lascia citare lo stesso C. Grabher, abitualmente felicissimo nelle sue interpretazioni dantesche, ma che qui, invece, ci regala purtroppo un poco felice « *chinava le ciglia* (l'occhio) al basso loco verso cui ruinava ». (*La Divina Commedia* commentata da C. Grabher, Principato Ed., Milano-Messina 1962, Vol. III, p. 393).

ciglia »); il secondo verso ci dà invece il chiudersi di tale arco. Ora quanto dal Palmieri veniva affermato solo intuitivamente e in base ad una sua generale concezione della *Commedia*, viene suffragato filologicamente dalla stessa coincidenza testuale riemersa ad identità piena.

L'esatta restituzione dei testi della vulgata operata dal Petrocchi ci pone ancora una volta di fronte (come già per *Purg.* XXXI v. 126 e *Par.* XXXIII v. 114, ma con più certezza e perspicuità in questo caso che stiamo ora trattando) ad una perfetta identità di termini assai illuminante sul piano esegetico.

Per *Inf.* I v. 61 così si pronuncia G. Petrocchi:

> Varianti tarde « richinava », « rimirava » (questa difesa dallo Zani de' Ferranti, ma con elementi insufficienti) [24].

e a *Par.* XXXIII v. 138:

> « A ruinar » nella '21, nel Casella ecc., come del resto nelle più ragguardevoli edizioni precedenti; ma sono proprio i codici (Triv Co Fi ecc.) a ribadire la perfetta simmetria con « rovinava » di Inf. I, 61; variante tarda e scadente « ritornar », erroneamente attribuita a Bart. dal Viviani [25].

Come già ribadito non si tratta di una pura e semplice « coincidenza » di termini, ma di una voluta « ripresa » esegeticamente molto significativa, fissante anche a livello di piena rispondenza lessicale il reciproco chiamarsi di questi due estremi dell'arco onirico generale.

* * *

Una volta fissati questi capisaldi essenziali del movimento onirico su cui si basa la *Commedia*, non dispiacerà prendere atto di altri spunti totalmente analoghi, anche se assai meno decisivi agli effetti dell'economia generale. La schedatura, d'ora innanzi, si disporrà molto linearmente intorno ad alcuni momenti salienti del vocabolario onirico: il sonno, le sensazioni oniriche, i risvegli, il

---

[24] G. Petrocchi, *op. cit.* Vol. II, p. 12

[25] *Ibidem*, Vol. IV, pp. 539-540.

rapimento mistico, la dinamica della visione, i simboli figurali maggiormente legati ad un'esperienza d'inconscio.

1) *Il sonno*: *Inf.* IV, vv. 67-68

> Non era lunga ancor la nostra via
> di qua dal sonno, quand'io vidi un foco...

« Sonno » è la lezione sicura perché, come ci ricorda il Petrocchi [26], « occupa quasi tutta l'estensione dell'antica vulgata ». Ma ci sono almeno due lezioni interessanti nel senso di un progressivo smarrimento onirico, di cui la prima anche piuttosto antica: infatti Co (1330-35) e Ham (1347) hanno la variante « dal sommo », mentre alcuni codici più tardi hanno addirittura « dal sono », che qui sarebbe giustificata dal riferimento al « greve truono » di *Inf.* IV, 2, ma è diffusa anche in altri luoghi, sempre come variante di « sonno » (vedi *Inf.* I, 11) [27]. Il fatto resta significativo anche se è doveroso ricordare la facilità con cui l'amanuense poteva passare alla grafia *soño* a quella *sono* [28].

Un altro dettaglio (esso pure tutt'altro che indifferente come dato rivelatore, pur nella sua esiguità di respiro) potremmo individuarlo nel verso che chiude *Inf.* III: « e caddi come l'uom *cui* sonno piglia ». Il « cui » (assai meglio che non « che 'l sonno » reperibile nell'edizione Casella) sta ancora una volta ad attestarci l'indole di inequivocità cui nella vulgata soggiacciono le puntualizzazioni oniriche.

2) *Le sensazioni oniriche*: *Inf.* III, vv. 130-132

> Finito questo, la buia campagna
> tremò sì forte, che de lo spavento
> la mente di sudore ancor mi bagna

Il senso della concreta esperienza di questo scuotimento della

[26] *Ibidem*, Vol. II, p. 65.

[27] *Ibidem*, Vol. II, p. 5.

[28] A questo proposito v. anche *Purg.* XXXII, v. 64 (S' (S'io potessi ritrar come assonnaro...) dove Mad, con procedimento analogo a quello esposto nel testo, registra la variante « alsonnaro ». G. Petrocchi, *op. cit.*, Vol. III, p. 557.

terra (un'esperienza che richiama, istintivamente, in ognuno di noi il ricordo degli incubi notturni, dai quali ci si risveglia, per l'appunto, madidi di sudore) viene molto attenuata nella variante « stupore » per « sudore » riportata da Cha (1340-48) poi in Lond. Add. 31918.

Piuttosto ricco è anche il gioco di varianti che concomita un altro dettaglio assai importante come fatto di sensazioni sperimentabili in stato onirico: si tratta del drastico « come fa l'uom che, spaventato, agghiaccia... » di *Purg.* IX, 42: « accaccia » Co La; « a caccia » (o « acaccia »): Fi Ga Lau Lo Mad Mart Parm Pr Ricc Triv Tz Vat; « aglacia » Rb. [29].

3) *I risvegli*: *Purg.* XVII, vv. 40-43

Come si frange il sonno ove di butto
nova luce percuote il viso chiuso,
che fratto guizza prima che muoia tutto;
così l'imaginar mio cadde giuso.

Qui addirittura, al verso 40, ci troviamo di fronte alla corruzione di due termini del verso stesso: Ash Co Ham hanno « si piange » al posto di « si frange ». In Lo (1360 ca.), Ricc e Tz (ambedue più o meno dello stesso periodo del precedente) a questa variante erronea si acompagna anche l'altra « sono » (invece di « sonno »).

Avremmo un completo travisamento del passo, che verrebbe a dire: « come il suono batte là dove »: e ridurremmo ad una semplice similitudine, ad un topos letterario, ciò che invece s'innesta sul nucleo stesso della più fondata esperienzialità dantesca. Ma ancora una volta la vulgata (in questo caso la lezione esatta si fonda sulla convergenza preferenziale dei codici: cioè sulla convergenza di *a* con *e* [30]) recupera il testo più lineare, ed esegeticamente più coerente con il nostro assunto iniziale.

4) *Il rapimento mistico*: *Par.* VII, vv. 13-15

Ma quella reverenza che s'indonna
di tutto me, pur per *Be* e per *ice*,
mi richinava come l'uom ch'assonna.

---

29 G. PETROCCHI, *op. cit.*, vol. III, p. 142, dove abbiamo anche il rinvio a vol. I, p. 143.

30 V. la nota 4 di questo saggio.

Fin troppo noto è l'abbaglio qui occorso a P. Venturi [31] che in questo « richinava » di Dante (tipica sigla d'un denunciato rapimento mistico, come ci ricorda lo stesso Momigliano [32]), vede un poco rivevente bisogno di dormire dal poeta avvertito (anzi registrato!) proprio in uno dei momenti di maggior impegno teologico. In effetti le cose stanno ben diversamente, come rilevabile giustapponendo i vari punti [33] in cui torna a riproporsi questa medesima sigla degli « occhi chini ». Veniamo ora agli aspetti filologico-testuali.

La variante « mi richiamava » per « mi richinava » ha attestazioni autorevoli ed antiche (Ga Lau Laur Lo Pr Urb). Ciononostante il Petrocchi stesso qui s'appella al senso di questa terzina e della seguente per giustificare la scelta della variante « mi richinava ». Qui pure rinvenimento testuale e linearità esegetica vengono a coincidere in pieno.

5) *La dinamica della visione*: *Purg.* XV, vv. 85-96

Ivi mi parve in una visione
estatica di subito esser tratto,

Al posto di « estatica », termine tecnico per definire la visione, su cui tutti i codici della vulgata, sia pure con grafie notevolmente diverse, concordano, troviamo nella tradizione seriore la variante stranissima « exauticha ». Interessante è la spiegazione che di questo termine dà l'Anonimo Fiorentino:

exautica, come quella che è formata da « autòs » (stesso) sonerebbe: Che è mutata da se stessa [34]

6) *Simboli figurali accostabili ad un'esperienza d'inconscio*

a) *Inf.* II, vv. 107-108: la « fiumana ».

non vedi tu la morte che 'l combatte
su la fiumana ove 'l mar non ha vanto?

---

[31] La nota è anche più significativa se inquadrata nel contesto dell'opera del Venturi, il cui titolo stesso è polemico nei riguardi dell'esegesi trecentesca (P. Venturi, *Dante con una breve e sufficiente dichiarazione del senso letterale diversa in più luoghi da quella degli antichi commentatori*, Lucca 1732, 3 voll.).

[32] A. Momigliano, *Commento alla Divina Commedia*, Sansoni Editore, Firenze.

[33] Valga come esempio *Par.* IV, v. 142 « e quasi mi perde con li occhi chini »), con cui veniamo introdotti al folgorante discorso su « lo maggior don ».

[34] *Anonimo fiorentino*, op. cit., Vol. II , p. 244, nota 1.

Accettando sostanzialmente l'esegesi di questo passo così controverso proposta dal Pagliaro (« dove il mare urta contro la corrente del fiume e non può vincerla »)[35], ci avviciniamo immediatamente ad un'interpretazione in chiave d'inconscio collettivo; sia attraverso i valori simbolici di « fiume » e « mare » (qui ricorrenti su angolazione negativa) sia attraverso l'ancor più terrificante risultato di gorgo che inghiotte. Si comprenderà allora l'importanza della restituita integralità del testo rispetto alle varianti erronee « su la fiumara » di Ham (1347) e « su la marina » di Vat (1351-53).

b) *Par.* I, vv. 79-81: il « lago ».

> parvemi tanto allor del cielo acceso
> de la fiamma del sol, che pioggia o fiume
> lago non fece alcun tanto disteso.

La variante « loco », invece di « lago », verrebbe ancora una volta a comprimere la dimensione inconscia insita nella distesa delle acque, efficacissima riproposta di questo centralissimo modulo d'inconscio[36].

Né diminuisce l'importanza del passo il fatto che la variante sia molto tarda e che dell'alternanza « lago-loco » si trovino numerosi esempi in tutto il poema.

---

[35] Questo felice spunto del Pagliaro (le « metafore oggettive » suonanti, a nostro avviso, a perfetto corispondente « filologico » del dato « psicologico » precisantesi in queste pagine come « figurazione d'inconscio ») si lascia reperire soprattutto in *Altri saggi di critica semantica*, Casa Ed. G. D'Anna, Messina-Firenze 1961, dove precisamente (pp. 237-248) lo troviamo impegnato sul passo dantesco de « la fiumana ove il mar non ha vanto »; ma è canone tendente a riproporsi con frequenza anche nelle susseguenti meditazioni del Pagliaro, come ad esempio nel saggio sul proemio infernale da cui qui abbiamo ripetutamente attinto.

[36] Non staremo qui ad insistere su questo tema fin troppo scontato affrontandolo in chiave teoretica. Coerentemente all'indole di questa postilla verremo invece subito alla riprova testuale derivabile da zone infinite in un poema che riesce a serrare in termini marini la stessa esperienza paradisiaca aperta col richiamo argonautico (*Par.* I, v. 16: Que' gloriosi che passaro a Colco...) e con analogo richiamo pure concluso (*Par.* XXXIII, v. 94: un punto solo m'è maggior letargo...). Si rifletta, a mo' d'esempio subito accettabile, sulla suggestiva cornice acquatica in cui compaiono le prime anime: Piccarda nel canto III, Giustiniano nel IV, ecc. La casistica potrebbe arricchirsi ancora infinitamente.

Settore storico

« VISIO IN SOMNIIS »
E CONDIZIONAMENTI AMBIENTALI

Nei contributi precedenti è già più volte affiorato il tema degli ostacoli ambientali cui la fede nel misticismo dantesco dovette andare incontro. Tali ostacoli cominciavano già in zona del tutto priva di esplicita volontà anti-dantesca come, ad esempio, rilevabile col naturale logorio causato da quei venti pre-umanistici di cui fu vittima in Verona lo stesso Pietro Alighieri. L'ambiente trecentesco, però, non mancò di offrire anche sintomi assai più ostili e di essi si ebbe prova sia nel settore, per così dire, « laico » che nel settore ecclesiastico, qui rispettivamente documentati con Cecco d'Ascoli e Guido Vernani.

1) I condizionamenti della « cultura laica » esemplificati attraverso Cecco d'Ascoli.

Le parti in cui distribuirò questo mio breve « excursus » su Cecco d'Ascoli sono tre: un iniziale raffronto tra i principali scontri tematici in lui avvertibili rispetto al pensiero dantesco, una susseguente schedatura degli altri richiami a Dante rilevabili nel dettato dell'*Acerba*, e, infine, un ultimo confronto (sotto forma di breve postilla) condotto su argomento politico.

A) *Principali scontri tematici.*

Mi introdurrò col rilevare, anzitutto, che in un discorso condotto da studenti (qual è quello qui effettuato da noi del « Seminario di filologia dantesca »), Cecco d'Ascoli interviene con aspetto che, a prima vista, non può non rendercelo fortemente simpatico. È l'« eletto di base » e non già il « commissionato dal vertice », per esprimerci in termini di polemica contestataria. Agli studenti, infatti, che lo acclamano dal basso, e non già alle cosiddette « auctoritates academicae » Cecco d'Ascoli deve senz'altro la sua prima investitura cattedratica bolognese [1]; ma con ogni probabilità la stessa possibilità di rimanere in cattedra quando le censure ecclesiastiche [2] hanno già incominciato a colpirlo.

Purtroppo, questo primo alone di simpatia, col quale egli si presenta all'universitario di oggi, non dura a lungo; ben presto, infatti, sotto il profilo dell'« eletto di base » viene ad emergere quello non altrettanto simpatico, del letterato che perde la testa, del « poeta » (le virgolette vogliono qui sottolineare tutta la discutibilità con cui un simile vocabolo gli si addice), che smarrisce completamente il senso delle dimensioni e di ciò dà prova cimentandosi con l'obbiettivo letterario al cui vantaggio militano in quel momento suffragi infiniti: Dante Alighieri, uomo beneficiante non solo della normale riverenza dovuta a tutti i morti da poco [3], ma, soprattutto, dell'alone di gran perseguitato [4] (ora che è morto ancor più di quando era in vita).

Contro un così elevato traguardo letterario altri impegnano quanto di più adatto possa ritrovarsi come tecnica demolitrice, portata, come è noto, fino all'estremo limite del rogo [5]; Cecco ritiene invece di potervi puntare con l'arma assai più comoda dello scherno,

---

[1] Sulle polemiche che accompagnano la vita bolognese di Francesco Stabili (nato ad Ancarano nel 1269) rinvio alla rievocazione fattane da G. PETROCCHI nel II vol. della *Storia della Letteratura Italiana*, saggio dal titolo *Cultura e poesia del Trecento*, pp. 561-724.

[2] Il primo censore con cui ha a che fare Cecco d'Ascoli è l'inquisitore domenicano Lamberto da Cingoli; la cui condanna non sembra però abbia avuto l'intero effetto sperato (voglio dire: la sospensione dall'insegnamento) proprio per le reiterate acclamazioni degli studenti che ne volevano la permanenza alla cattedra di astrologia. Ben più difficile gli sarà il resistere, invece, agli attacchi dell'inquisitore fiorentino (il francescano Accursio Bonfantini) con cui egli viene alle prese dopo che ha seguito in Firenze il duca Carlo di Calabria.

[3] Appena necessario è qui il rievocare il commosso capitolo dei rimpianti che si ebbero, da parte dei letterati del tempo, sulla memoria di Dante, al cui proposito sempre suggestiva ci riesce la nota pagina del Boccaccio sul ruolo svolto in materia da Guido Novello.

[4] Rinvio alla cruda documentazione che tra poco darà E. Fumagalli sui notturni tentativi che verranno fatti per scalare le mura di Ravenna onde impadronirsi delle ossa di Dante e così destinarle alla stessa sorte già toccata alle sue opere.

[5] Il nome di Bertrando del Poggetto qui si impone da sé.

suggerita a suo parere dalla stessa inesistenza del « traguardo » per il quale altrove si trema al punto da non potercisi sentire tranquilli che destinando al rogo le sue stesse spoglie mortali.

È in questo clima che si lascia cogliere un primo prelevamento dall'*Acerba* [6], impostoci dalla gerarchia delle citazioni più frequentemente indicate come riprova dello zelo antidantesco di Cecco:

Qui non si canta al modo delle rane
Qui non si canta al modo del poeta
Che finge, immaginando, cose vane;
Ma qui risplende e luce ogni natura
Che a chi intende fa la mente lieta.
Qui non si gira per la selva oscura.

Qui non veggio né Paolo né Francesca,
Delli Manfredi non vedo Alberico
Che amari frutti colse di dolce esca.
Del Mastin vecchio e nuovo da Verrucchio
Che fece di Montagna, qui non dico,
Né dei Franceschi lo sanguigno mucchio.

Non veggio il Conte che per ira ed asto
Tien forte l'Arcivescovo Ruggero
Prendendo del suo ceffo il fiero pasto.
Non veggio qui squadrare a Dio le fiche.
Lascio le ciance e torno su nel vero.
Le favole mi fur sempre nemiche.

Il nostro fine è di vedere Osanna.
Per nostra santa fede a lui si sale.
E senza fede l'opra si danna,
Al santo regno dell'eterna pace
Convienci di salir per le tre scale,
Ove l'umana salute non tace,
Acciò ch'io vegga con l'alme divine
Il sommo bene dell'eterna fine [7].

Si tratta di terzine piuttosto essenziali nell'economia dell'intero poema, del quale concludono il IV libro; né ci vuol molto a cogliere

[6] Indicherò qui una volta per sempre l'edizione da cui attingeremo sia per i testi qui appresso riportati che per altri dati informativi: A. Crespi, Ascoli Piceno 1927. Una precedente edizione, Lanciano 1913, si era già avuta a cura di P. Rosario.

[7] *Op. cit.*, lib. IV, cap. 12, vv. 4669-4694.

attraverso di esse il basso concetto che Cecco ha dello stesso dettaglio meno passibile di contestazione nella complessa fisionomia di Dante.

A dissolversi, negli apprezzamenti di Cecco, non è soltanto il pensatore versato in tutti i campi sulla cui morte ancora piangono [8] gli intellettuali del tempo o l'esimio « theologus » [9] codificatoci da Giovanni del Virgilio, ma lo stesso poeta, risoltosi nei versi qui sopra ricordati in un povero verseggiatore che si esprime « al modo delle rane », intessendo « cose vane » atte ad inculcare il più sentito disprezzo in un individuo cui « le favole... fur sempre nemiche ».

Non solo: ma l'uomo stesso, abusivamente collocato dai più su piedestallo di venerabilità, diviene per Cecco un semplice « collega » con il quale egli ha potuto tranquillamente dibattere alla pari i propri problemi, per di più vedendolo disertare il fronte di combattimento intellettuale, come tra poco apprenderemo dalla dissertazione sul tema-nobiltà.

Il quesito che subito si pone è quello dell'effettivo ammontare di questo atteggiamento antidantesco di Cecco; quesito che a un certo punto sfocia anche nell'effettivo peso avuto da tale atteggiamento tra i motivi che lo hanno condotto al rogo [10]. Io eviterò

---

[8] A parte gli accenni già fatti alla n. 3, si veda per una più ampia documentazione in merito: M. APOLLONIO, *Dante, Storia della « Commedia »* Francesco Vallardi, Milano, 1951, Vol. II, Cap. XCIII, Gli elogi funebri, pp. 1055-1063.

[9] Mi riferisco al noto epitaffio:
Theologus Dantes, nullius dogmatis expers
Quod foveat claro philosophia sinu,...

[10] Che si tratti di problema spinosissimo e, comunque, tuttora destinato a naufragare nel buio è facilmente dimostrabile. Difficile è già il definire il vero gioco verificatosi nella gerarchia dei motivi su cui è maturata l'intransigenza di fra' Accursio de' Bonfantini, rettore di Santa Croce sin dal 1318. Sdegno contro il poeta che così sarcastico si era rivelato contro gli antenati sodomitici del Bonfantini? (Si tratta di Francesco d'Accorso ricordato anche da Dante in *Inf.* XV e di suo padre, Accorso da Bagnolo). Conseguenza dello zero dantesco d'un fra' Accursio « ...primum delectum fuisse a Florentinis ad explanandam diebus dominicis Sacram Comoediam Dantis in Cathedrali »? Difficile è il pronunciarsi. Al tutto si aggiunga il mistero esistente sul peso avuto dalle inimicizie che il poco buon tatto di Cecco si era ovunque creato tra cui quella del potentissimo Dino del Garbo e di vari Medici fiorentini. Valgano, a conferma di questo mistero, due tipi di testimonianze militanti in senso opposto: quella degli umanisti fiorentini unanimi nel rilevare l'esperienza astrologica (e quindi irreligiosa) di Cecco e quella invece di più recenti « panegiristi » portati a risolvere invece tutto col farne una vittima del fanatismo per Dante. Nel primo senso si pronuncia ad esempio Marsilio Ficino: « Esculus quidam Astrologus, quamvis parum religiosus, asserit tamen astrologica computatione certum esse ea die qua Christus cruci affixus est Solem in primo Arietis gradu... » (M. FICINI, *De christiana religione*, cap. X, I, p. 14 in *Opera*, Basilea MDLXI) e così, più drasticamente ancora, Pico della Mirandola: « O homines ridiculos et nunquam certe satis irrisos! Esculanus ille

nella maniera più assoluta d'avventurarmi in questi sentieri difficilmente esplorabili con debita luce: il che è tanto più raccomandabile in quanto agli effetti del nostro discorso ce n'è fin troppo, di materiale usabile, anche restando entro i puri limiti della scoperta suffragabilità letteraria fornitaci dalla *Acerba*.

Qui stesso anzi convergerò le mie attenzioni sui passi immuni da dubbi d'autenticità. Volendo, infatti, un'accurata recensione degli spunti più dichiaratamente antidanteschi dovrebbe prendere il via da particolare, che, oltre a raccomandarsi come dato di partenza per la sua specifica ubicazione nel tracciato del poema (siamo appena al cap. II del lib. I), ci esibisce un Cecco frontalmente schierato contro quell'esperienza oltremondana che è proprio tema del presente volume:

Oltre quel cielo non è qualitade
  né anche forma che mova intelletto,
  Ma nostra fede vole che Pietade
  Dimori sopra nel beato regno,
  Al qual ne mena speme per effetto
  Di quella luce del Fattor benegno.

Del quale già trattò quel Florentino,
  Che lì lui si condusse Beatrice.
  Ma il corpo umano non fu mai divino,
  Né il può, si come il perso essere bianco,
  Chè si rinnova sì come fenice
  In quel disïo che gli punge il fianco.

Negli altri regni dove andò col doca,
  Fondando li suoi piedi in basso centro,
  Là lo condusse la sua fede poca:
  E so che a noi non fece mai ritorno
  Chè suo disio sempre lui tenne dentro:
  Di lui mi duol per suo parlare adorno [11].

---

superstitiosus, qui fertur magus, natus est, ait, Iesus in stabulo quia imum coeli Capricornus, et alius rex inquit, fuit Iudaeorum quia horoscopus erat Libra... » (PICI MIR., *Disputationes in Astrologiam*, lib. V, cap. 14, p. 576 in *Opera Omnia*, Basilea 1500). Nel secondo senso si pronunciano, dopo A. Appiani, vari difensori di Cecco ben riassunti da F.S. Quadrio, per il quale è pacifico che « ... lo sprezzar (che fece Cecco) le poesie di Dante e di G. Cavalcanti fu principio di sua rovina; imperciocché perseguitato dalle famiglie Cavalcanti ed Alighieri... accusato per mago ed eretico alla fine fu arso... » (*Della Storia e della ragione d'ogni poesia*, IV, 39, Milano, Agnelli 1749).

[11] *Op. cit.* lib. I, cap. 2 vv. 147-164.

Il passo rientra in pieno nel contesto mentale di Cecco, che qui ci si rivela come al solito superficiale e al tempo stesso presuntuoso; né si stenta a ravvisarvi un'efficace messa a fuoco della più frequente lacuna metodologica contro cui ebbe a scontrarsi l'esperienza oltremondana di Dante, magistralmente da questi affidata al principio del « nostro intelletto si *profonda* tanto che dietro la memoria non può ire » [12]. Si tratta cioè (per esprimerci in termini che facilitano l'aggancio col fuorviamento verificatosi) non già d'« oltremondanità » fisicamente raggiunta, ma di mera esperienza « mentale », passata però attraverso il concreto filtro dell'inconscio anziché attraverso la gratuita alchimia delle finzioni poetiche.

È una sana « medietas » tra il puro fatto « corporale » e il mero dato « mentale », un qualcosa, cioè, felicemente ubicato a metà strada tra i due estremi che Pietro Alighieri scandirà nel « mentaliter non corporaliter » [13] che poi passa di peso da un commentatore all'altro [14].

Contro un simile scoglio cozza già Cecco d'Ascoli (anche se non vogliamo credere all'autenticità delle terzine qui riportate) nel presupposto da cui prende il via l'intera banalizzazione da lui tentata del racconto dantesco, facendone (proprio per la scontata impossibilità di raggiunger da vivi il « basso centro ») una mera accozzaglia di « ciance », stilate sul tipo delle « favole (a Cecco) sempre nemiche » già viste sopra.

Ho però già detto che nessun bisogno c'è, per la completezza del nostro quadro, di soffermarsi troppo su spunti di contestata accettabilità e di ciò avremo prove attraverso l'ampia serie di incontri con Dante che il tessuto dell'*Acerba* ci consente in continuità, con ricchezza di richiami più che eloquente anche se ci si sofferma sui puri momenti

---

[12] *Par.* I vv. 8-9.

[13] *Commentarium*, ed. cit. pag. 8.

[14] Precisi riecheggiamenti si avranno fin nell'Anonimo Fiorentino, ch'è quanto dire a fine secolo.

[15] Tale « contestata accettabilità » (ricordataci anche da G. Petrocchi) si ricollega ai rilievi mossi da C. Lozzi in « Giornale Dantesco », Firenze 1912 vol. 20, quad. III. Ivi, il Lozzi sostiene la probabile inautenticità di queste terzine con l'autorità del codice della Collezione Philips di mano di Giovanni de' Gabbrielli scritto in Gubbio nel 1375, dove tali terzine non appaiono; « né (così il Lozzi) pare possa supporsi che egli abbia soppresso quelle due sestine per amore di Dante o di Cecco, sia perché vi ha lasciati intatti gli altri passi di meno acre ma di quasi sempre ingiusta censura alla *Divina Commedia*, sia perché la stessa soppressione si riscontra in altri antichi e pregiati codici della 'Acerba' ».

in cui meglio si evidenzia l'antitesi tematica esistente tra i due pensatori. Valga come indicazione l'aspra polemica che vediamo messa in apertura del libro II sul generale apporto fra provvidenza divina e libertà umana.

I termini che in Dante sintetizzano tale rapporto ci vengono richiamati dallo stesso Cecco col suo polemico spaziare tra *Inf.* VII (il noto passo sulla « fortuna ») e *Purg.* XVI.

Ripercorriamoceli:

Colui lo cui saver tutto trascende,
  fece li cieli e diè lor chi i conduce
  sì, ch'ogni parte ad ogni parte splende,
distribuendo igualmente la luce:
  similemente alli splendor mondani
  ordinò general ministra e duce
che permutasse a tempo li ben vani
  di gente in gente e d'uno in altro sangue,
  oltre la difension di senni umani;
perch'una gente impera ed altra langue,
  seguendo lo iudicio di costei,
  che è occulto come in erba l'angue.
Vosto saver non ha contasto a lei:
  questa provede, giudica, e persegue
  suo regno come il loro li altri dei.
Le sue permutazion non hanno triegue:
  necessità la fa esser veloce;
  sì spesso vien che vicenda consegue.
Quest'è colei ch'è tanto posta in croce
  pur da color che le dovrien dar lode,
  dandole biasmo a torto e mala voce;
ma ella s'è beata e ciò non ode:
  con l'altre prime creature lieta
  volve una spera e beata si gode [16].

E passando al *Purgatorio*:

Voi che vivete ogne cagion recate
  pur suso al cielo, pur come se tutto
  movesse seco di necessitate.

---

[16] *Inf.* VII vv. 73-96.

Se così fosse, in voi fora distrutto
lo libero arbitrio, e non fora giustizia
per ben letizia, e per male aver lutto.
Lo cielo i vostri movimenti inizia;
non dico tutti, ma posto ch'i' 'l dica,
lume v'è dato a bene e a malizia,
e libero voler, che, se fatica
nelle prime battaglie col ciel dura,
poi vince tutto, se ben si notrica,
A maggior forza ed a miglior natura
liberi soggiacete; quella cria
la mente in voi, che 'ciel non ha in sua cura.
Però, se 'l mondo presente disvia,
in voi è la cagione, in voi si chieggia [17];

Quale sia l'ordinamento cui in Dante soggiace il rapporto sopra indicato è piuttosto ovvio. Esiste, anzitutto, il fattore - provvidenza, fungente da generale controllo divino sull'uomo e su tutte le cose; fattore - provvidenza che di per sé non rifugge (ma a puro livello di movimento d'avvio: « Lo cielo i vostri movimenti inizia... ») dall'impiego dell'influsso celeste.

Tutto ciò, però, accade all'interno di un equilibrio che non solo pienamente rispetta la libertà umana, ma addirittura la recupera in un'armonia altrettanto permeata da psicologia innovatrice, quanto da palese assorbimento lirico. Si pensi alla consonanza che, da questo punto di vista, spontaneamente emerge attraverso *Par.* XVII:

La contingenza, che fuor del quaderno
della vostra matera non si stende
tutta è dipinta nel cospetto eterno;
necessità però quindi non prende
se non come dal viso in che si specchia
nave che per corrente giu discende [18].

Ascoltiamo ora Cecco d'Ascoli, come al solito superficiale, ma più del solito presuntuoso e soprattutto volgare:

Torno nel campo delle prime note.
Dico che ciò ch'è sotto 'l ciel creato
Dipende per virtù dalle sue rote.

---

[17] *Purg.* XVI vv. 67-83.
[18] *Par.* XVII, vv. 37-42.

Chi tutto move sempre e tutto regge,
Di principio e di fin, di moto e stato
In ciascun cielo pose la sua legge.

Son li cieli organi divini
Per la potenza di natura eterna,
E in lor splendendo son di gloria plini.
In forma di disio innamorati
Movendo, così il mondo si governa,
Per questi eccelsi lumi immacolati.

Non fa necessità ciascun movendo,
Ma ben dispone creatura umana,
Per qualità, cui l'anima, seguendo
L'arbitrio, abbandona e fasse vile
E serva e ladra e di virtute estrana,
Da sè dispoglia l'abito gentile.

In ciò peccasti, fiorentin poeta,
Ponendo che li ben della fortuna
Necessitati sieno con lor meta.
Non è fortuna cui ragion non vinca;
Or pensa, Dante, se prova nessuna
Si può più fare che questa convinca.

Fortuna non è altro che disposto
Del cielo che dispon cosa animata;
Qual, disponendo, si trova all'opposto.
Non vien necessitato il ben felice.
Essendo in libertà l'alma creata,
Fortuna in lei non può, se contradice.

Sostanza senza corpo non riceve
Da questi cieli, però l'intelletto
Mai a fortuna soggiacer non deve.
Se fui disposto e fui felice nato
E conseguir doveva il grande effetto,
Non posso non voler e star da lato;

Ma in sua balia ha l'alma il suo volere:
E l'arbitrio le acquista lo suo merto,
Né può necessitate in lui cadere.
Or se fortuna l'alma così spoglia,
Già Dio sarebbe ingiusto discoverto,
Se per altro poter ne mena doglia [19].

---

[19] *Op. cit.* lib. II cap. 1 vv. 707-748.

Alquanto minore è l'onere di prova impostoci dal dato che, nello svilupo dell'*Acerba,* si lascia raccogliere subito dopo. È il tema della nobiltà, così centrale nelle meditazioni dantesche ricordateci dallo stesso Cecco con riferimenti tutt'altro che imprecisi, come tra poco vedremo. Sull'argomento ha però già fatto il punto D. Guerri né c'è ragione per insistervi ancora [20]. Qui mi limiterò a riportare il passo di Cecco cui è doveroso pensare, felicemente avviato da uno dei pochi accenni rispettosi che il « fiorentin poeta » riceve nell'*Acerba*:

Fu già trattato con le dolci rime
E definito il nobile valore
dal Fiorentino con l'antiche lime;
Ma con lo schermo delle giuste prove
Io dico contro della prima sette
E voglio che ragion mio detto trove.

È gentilezza di virtute forma,
Che nel soggetto disposto s'aspetta,
Quando il ciel fa di qualitati l'orma.
Se virtù fosse dell'antico sangue,
Forma saria particular di moto:
Nel vizio dunque perché il nato langue?

Già noi vediam nelle seconde genti
Da lor natura l'effetto remoto,
E i gran cattivi di gentil parenti.
Dunque o lo cielo con quieta luce
Dispone a gentilezza creatura,
Che per volere all'opera s'adduce

Vien questo raggio dal secondo cielo
Che tien di gentilezza la figura,
Per cui s'espone il mondo a questo zelo.
Ma se si giunge l'un con l'altro cerchio
Di sangue antico con l'eccelso lume,
Gentil fa l'omo col valor soperchio.

Ma il cielo, illuminando il sangue nuovo,
Non gli può dare consimil costume,
Come all'antico: ciò di sopra provo.
Ma qui mi scrisse dubitando Dante:
Son due figliuoli nati in uno parto,
E più gentil si mostra quel d'inante,

---

[20] Oltre al Poema Sacro qui naturalmnete, interviene anche tanta tematica del *Convivio.*

E ciò converso, sì come già vedi.
Torno a Ravenna e di lì non mi parto.
Dimmi Ascolano quel che tu ne credi.
Rescrissi a Dante, intendi tu che legi:
Fanno li cieli per diversi aspetti,
Secondo il mio filosofo che pregi [21];

Con l'approdo al libro III, la polemica antidantesca s'intensifica e, al tempo stesso, si allarga tramutandosi in attacco all'intero Dolce Stil Novo, globalmente reo, agli occhi di Cecco, d'aver valorizzato quel ceto femmineo che invece è soltanto « tossico dolce, putrida sentina, arma di Satanasso e suo flagello ». Lo schermo polemico effettivamente si dilata assai, appuntandosi con particolare acredine sul Guido di « Donna me prega » 21; altrettanto vero, però, è che l'obiettivo sempre tenuto presente da Cecco é Dante, che qui anzi vede chiamata in causa, nell'interiore sviluppo del discorso cecchiano, anche la sua Beatrice.

Accostiamoci ancora al dettato poetico prendendo il via dal verso che ci trasporta in clima di *Vita Nuova*:

Amor non fu giammai nostro volere,
Ma vien per natural conformitate
Che nasce in noi per subito vedere.
Gli occhi umani sono calamite
Che attirano di nostra umanitate
Lo spirto col piacer, come vedite

Amore è passion di gentil cuore
Che vien dalla virtù del terzo cielo
Che nel crear la forma al suo splendore.
Errando scrisse Guido Cavalcanti:
« Non so perché si mosse e per qual zelo ».
Qui ben mi spiego lo tacer di Danti.

« Donna mi prega perch'io debba dire »
Dimostra che l'amor muove da Marte,
Dal qual procede l'impeto con l'ire,
Che strugge pietà con la mercede,
Unita cosa per disdegno parte,
Corrompe amor con la dolce fede [22].

---

[21] *Op. cit.* lib. II cap. XII vv. 1412-1447.
[22] *Op. cit.* lib. III cap. 1 vv. 1929-1946.

Dispensiamoci pure dal chiederci quanto si concili con il vero equilibrio cui, anche sotto tale aspetto, Dante sa far assurgere la propria tematica, questa bruta riduzione d'amore alla legge dei moti astrali, e vediamo invece direttamente lo specifico ruolo che Dante verrà subito dopo chiamato ad assumere:

Amor non nasce prima di bellezza:
 Con simil stella muove le persone
 E d'un volere forma la vaghezza.

Non si parton per altro che per morte
 Quando la luce trina lor conforma
 Insieme l'alme dal piacer raccolte.
 Ma Dante, rescrivendo a Messer Cino,
 Amor non vide in questa pura forma
 Chè tosto avria cambiato il suo latino.

« Io sono con Amore stato insieme »:
 Qui pose Dante che nuovi speroni
 Sentir può il fianco con la nuova speme.
 Contro tal detto dico quel ch'io sento:
 Se Dante poi le solve, son contento [23].

Al dettaglio sopra accennato (la polemica contro lo stesso bersaglio affettivo di Dante), giungiamo nel capitolo IX del libro IV, in un gioco di riflessioni che fondatamente portano il Crespi a ravvisarvi l'ipoteca d'una lezione petrarchesca (nel caso: il « vera Beatrice » della canzone alla Vergine) cui Cecco d'Ascoli si mostra ossequioso in infinite occasioni.

È la famosa invettiva contro le donne, facente parte del tema « questioni morali ». Eccone l'esatto contenuto:

In donna non fu mai virtù perfetta,
 Salvo in Colei che, innanzi il cominciare,
 Creata fu ed in eterno eletta.

Rare fiate, come disse Dante,
 S'intende sottil cosa sotto benna:
 Dunque, con lor perché tanto millante?
 Non da virtù viene il parlare inetto.
 Maria si va cercando per Ravenna
 Che in donna crede che sia intelletto.

---

[23] *Op. cit.* lib. III cap. 1 vv. 1968-1982.

La femmina ha men fede che una fiera.
Radice, ramo e frutto d'ogni male,
Superba, avara, sciocca, matta e austera,
Veleno che avvelena il cuor del corpo,
Iniqua strada alla porta infernale;
Quanto si pinge, pugne più che scorpo.

Tossico dolce, putrida sentina,
Arma di Satanasso e suo flagello,
Pronta nel male, perfida, assassina,
Lussuriosa, maligna, molle e vaga,
Conduce l'uomo a frusto ed a capello;
Gloria vana ed insanabil piaga.
Volendo investigare ogni lor via,
Temo ch'io non offenda cortesia [24].

B) *Schedatura di altri riferimenti.*

Se eloquente è stato (come indicazione di atteggiamento anti-dantesco) il raffronto sin qui effettuato tra i principali scontri tematici, non meno lo sarà la schedatura, cui qui procederò, degli infiniti richiami a Dante disseminati lungo l'intero poema.

A Dante Cecco già pensa in apertura del libro I con i versi:

Sopra ogni cielo sostanzie nude
stanno benigne per la dolce nota... [25]

Dove i commentatori subito ci richiamano il passo del *Convivio* II, 4, impegnato sul tema delle intelligenze motrici:

Li movitori di quelli (cieli) sono sustanze separate da materia, cioè intelligenze, le quali la volgare gente chiamano Angeli. E di queste creature, si come de li cieli, diversi diversamente hanno sentito, avvenga che la veritade sia trovata.

Appresso abbiamo i versi:

E l'arco dove son diversi lumi,
gira di sotto con soggette stelle,
e lascia un grado con ben tardi tumi [26].

---

[24] *Op. cit.* lib. IV cap. IX vv. 4394-4416.

[25] *Op. cit.* Lib. I. Cap. I, vv. 7-8, pag. 125. Ogni sfera celeste è presieduta da sostanze incorporee che sono fonte di serenità nel mondo.

[26] *Op. cit.*, Lib. I. Cap. I, vv. 13-15, pag. 126. Qui si fa riferimento al cielo delle stelle fisse, il quale non è uniforme agli altri cieli, ma retrocede di un grado, con lenti scatti, nell'arco di un secolo circa.

che richiamano *Par.* XXVIII, 49-51:

Ma nel mondo sensibile si puote
veder le volte tanto più divine,
quant'elle son dal centro più remote...

Qualche verso più sotto troviamo:

De sotto luce quella trista stella,
tarda di corso e di virtù inimica... [27]

e subito dopo al v. 31:

L'ignea stella pietà non mira,
ma sempre de mercé si mostra freda... [28]

I passi richiamano entrambi *Conv.* II, 14; dove Dante parla degli ultimi tre cieli facendo diverse ipotesi sulla formazione della galassia e del sole.

I vv. 37 sgg., come risulterà da un breve confronto, ricordano *Conv. III,* 12 e *Par.* XX, 1-7.

Acerba v. 37:

Poi gira il corpo de la nostra vita,
Agente universal d'ogni soggette:
qual virtù piange sì la sua ferita
de li ferventi raggi, onde si scalda
la grave qualità che in lei si flette... [29]

Conv. III, 12

Del lume del sole tutte le altre stelle s'informano.

Par. XX, 1-7

Quando colui che tutto il mondo alluma
dell'emisperio nostro si discende,

[27] *Op. cit.* Lib. I. Cap. I, vv. 19-20, pag. 126. L'Ascolano vuol significare con questi versi Saturno, che impiega il maggior tempo nella sua rotazione e non produce alcuna cosa bella o buona col suo influsso.

[28] *Op. cit.* Lib. I. Cap. I, vv. 31-32, pag. 127. Questa volta il riferimento è a Marte, che non concede mai segno di bontà, ma si mostra sempre senza misericordia con chi lo provoca.

[29] *Op. cit.* Libro I. Cap. I, vv. 37-41, pag. 127. Non è difficile individuare in questi versi il riferimento al Sole, fonte della nostra vita e causa universale di attività.

che 'l giorno d'ogni parte si consuma,
lo ciel, che sol di lui prima s'accende,
subitamente si rifà parvente
per molta luce, in che una risplende...

Era opinione comune ai tempi di Cecco e di Dante, e si mantenne vari secoli dopo, che il sole fosse l'unica sorgente di luce fisica in tutto l'universo e da esso ritraevano splendore anche le stelle.

Un nuovo richiamo a *Conv.* II, 6 possiamo riscontrare subito ai vv. 43 e sgg. che richiamano anche *Purg.* I, 19-20. Vediamoli di seguito.

Acerba lib. I, C. I, 43 sgg.:

D'amor la stella, nella terza rota,
al spirto dà angoscia con sua luce... [30]

In *Conv.* II, 6 leggiamo:

Voi che intendendo lo terzo ciel movete,
udite il ragionare...

Tutto il Cap. I è dedicato al cielo di Venere, come troviamo anche in *Purg.* I, 19-20:

Lo bel pianeta, che ad amar conforta,
faceva tutto rider l'oriente...

Nel Cap. II del libro I:

Il principio che move queste rote,
sono le intelligenzie separate:
non stanno dal divin splendor remote,
non cessan gli atti de mover possenti... [31]

Riconosciamo facilmente *Par.* XXVIII, quando Dante parla dei cori Angelici, e dalle intelligenze motrici e il già citato *Conv.* II, 4.

Sempre al Cap. II del libro I leggiamo:

Quando l'influenza vien da quelle,
se sua virtù per queste non si sgombra,
allora è donna sopra tutte stelle [32].

---

[30] *Op. cit.* Lib. I. Cap. I, vv. 43-44, pag. 127.

[31] *Op. cit.* Lib. I. Cap. II, vv. 87-90, pag. 130. Il concetto qui espresso è quello dantesco delle intelligenze motrici che presiedono ad ogni cielo conferendogli senza mai cessare il moto e la luce di cui brilla.

[32] *Op. cit.* Lib. I. Cap. II, vv. 108-110, pag. 131-132. Anche il concetto, oltre all'espressione, risente qui dell'influsso dantesco. Si parla infatti della vittoria della volontà sull'influenza negativa degli astri.

Questo passo è facilmente confrontabile con *Purg.* XVI, 76,78:

E libero voler, che se fatica
nelle prime battaglie col ciel dura,
poi vince tutto se bene si nutrica.

Passando ora al Cap. V;

Chiomate stelle con diversi modi
di luce che si mostran su ne l'aria... [33]

sono confrontabili con *Purg.* V, 37:

Vapori accesi non vid'io si tosto
di prima notte mai fender sereno...

All'inizio del cap. VII a proposito della pioggia, Cecco dice:

Gira il sole li vapor levando
da questa terra verso il bel sereno
e l'aere poi va sempre spessando:
per li riflessi raggi e poi per foco
fino nel mezzo dove il freddo è pieno
salendo, si condensa a poco a poco [34].

Tali versi risentono fortemente di *Purg.* V, 109 sgg.:

... nell'aere si raccoglie
quell'umido vapor che in acqua riede,
tosto che sale dove il freddo il coglie.

Al Cap. II del libro II Cecco parla della formazione delle creature umane, argomento già trattato da Dante per bocca di Stazio in *Purg.* XXV, 37-75 nei termini di cui qui per comodità di confronto rievocherò l'inizio:

Sangue perfetto, che mai non si beve
dalle assetate vene e sì rimane

---

[33] *Op. cit.* Lib. I. Cap. V, vv. 339-340, pag. 146.

[34] *Op. cit.* Lib. I. Cap. VII, vv. 473-478, pag. 155. Pasquale Rosario nella sua edizione dell'*Acerba* R. Carabba-editore, Lanciano 1916, così ordina la disposizione dei versi in questo passo:

Tira el sole li vapori levando
da questa terra verso 'l bel serino,
e l'aire po' va sempre spessando:
saliendo, se condensa a poco a poco,
fin ch'è nel mezzo ov'è 'l fredd'alpino.
Per li reflexi raggi e po' per poco...

quasi alimento che di mensa leva,
prende nel core a tutte membra umane
virtute informativa, come quello
ch'a farsi quelle per le vene vàne
ancor digesto...

Sull'argomento così Cecco si esprime:

Per grazia dell'umana creatura
Dio è li cieli col terrestre mondo;
in lei creando divina figura,
a somiglianza di sua forma digna
ponendola nell'orizzonte fondo,
ove si danna ovver si fà benigna.
Movendo queste benedette sfere
de l'umano seme, si forma il soggetto
di tutte le potenze quivi fere.
Prima lo core nel concetto nasce,
gli altri due prima pone il cieco aspetto,
ma pur nel cor lo spirito si pasce.
Lo spirito che fu dal padre messo,
per le ferventi stelle del Leone,
forma le membra movendosi spesso.
Da questo nasce lo spirito animale
e naturale di sua perfezione [35];

Su questo tono (« rigidamente », per quel tempo, scientifico) Cecco continua per tutto il Cap. II, spiegando gli influssi degli astri e le cause delle deformazioni.

Al Cap. V, leggiamo:

Ogni peccato ha limitata pena,
e più gravosa quant'è più lontana.
Contra virtude, lasso, chi ne mena?
non altro che l'inordinata voglia
per qual s'attrista la natura umana
nel tempo che del dolce sente doglia [36].

---

[35] *Op. cit.* Lib. II. Cap. II, vv. 775-791, pag. 175-176. Si presenta qui un modello convenzionale di concepimento: perciò è scelto come inizio il segno del Leone, affinché la nascita avvenga in Ariete, in cui tutto si apre alla vita (CRESPI, op. cit. pag. 176 in nota al verso 787).

[36] *Op. cit.* Lib. II. Cap. V, vv. 1053-1058, pag. 191-192.

Versi che richiamano *Par.* XXVII, 121-123:

O cupidigia che i mortali affonde
sì sotto te, che nessuna ha podere
di trarre gli occhi fuor delle tue onde?

Procedendo nella lettura troviamo un nuovo richiamo a Dante, e precisamente a *Purg.* XIV, 37-42, al Cap. VIII dello stesso libro II. Dante dice:

... Virtù così per nimica si fuga
da tutti, come biscia, o per sventura
del loco, e per mal uso che li fruga;
ond'hanno sì mutata lor natura
gli abitator della misera valle,
che par che Circe li avesse in pastura.

Mentre Cecco così si esprime:

O madre bella, o terra ascolana,
fondata fosti nel doppiato cerchio,
sì che hai mutato tua natura umana,... [37]

Al Cap. XIII trattando sull'avarizia abbiamo questa espressione di Cecco:

O voi del patrimonio e del ducato
che presso siti a le romane coste,
voi siete pur sogetti a tal peccato [38].

Alcuni commentatori riferiscono tali versi a *Inf.* VI o anche VII. Io ritengo che il confronto sia piuttosto vago e da limitare soltanto all'argomento trattato in generale senza riferimenti particolari di versi. Più sotto nel medesimo Cap.:

Io torno e dico dell'avara lista
che delli mali è la cruda radice,
che men possiede quanto più acquista [39].

---

[37] *Op cit.* Lib. II. Cap. VIII, vv. 1185-1187, pag. 199. Questo ricordo della sua terra Ascolana da parte di Cecco fa subito ricordare i vari passi in cui Dante nella *Commedia* parla di Firenze. Influenza di Dante anche qui? Non lo si può escludere.

[38] *Op. cit.* Lib. II. Cap. XIII, vv. 1519-1521, pag. 219-220.

[39] *Op. cit.* Lib. II. Cap. XIII, vv. 1537-1539, pag. 221.

Questo passo si può avvicinare a *Purg.* XX, 43-45 sugli Angioini:

Io fui radice della mala pianta
che la terra cristiana tutta aduggia,
sì che buon frutto rado se ne schianta.

Cap. XIV sulla vanagloria:

È differenza della gloria vana
che questa dentro tien l'acerba norma,
sopra di tutti tiensi la sovrana.
Ma questi, che del van son gloriosi
voglion di laude manifesta torma:
mostrando ciò di cui son desiosi [40].

Purg. XI, 91-93.

O vana gloria dell'umane posse,
Com'poco vede in su la cima dura,
se non è giunta dall'etati grosse!

Passiamo ora al Cap. I del libro III dell' *Acerba* dedicato all'amore:

Amor nel cerchio non tien fermo punto:
o cala o monta ne l'uman concetto:
sempre col moto fu così congiunto [41].

Questi versi sono paragonabili, come del resto gran parte del libro III, ai canti XVI e XVII del *Purg.* e a *Par.* XIV, 30; XVII, 17-18; XIX, 40-43. Valgano come esempi: *Par.* XVII, 17-18;

Così vedi le cose contingenti
anzi che sieno in sé, mirando il punto
a cui tutti li tempi son presenti;...

e *Par.* XIX, 40-43:

... Colui che volse il sesto
all'estremo del mondo, e dentro ad esso
distinse tanto occulto e manifesto...

---

[40] *Op. cit.* Lib. II. Cap. XIV, vv. 1611-1616, pag. 225. Il P. Rosario così riporta il v. 1616:

Mostrando forte sonno desiosi.

[41] *Op. cit.* Lib. III. Cap. I, vv. 2016-2018, pag. 251.

L'ultimo passo riportato però mi sembra meno avvicinabile ai versi di Cecco, se non appunto per l'argomento generale trattato, che è lo stesso. Nel Cap. II:

Or questa di fenice tien simiglia;
sentendo de la vita gravitate,
more e rinasce...[42]

Cecco richiama *Inf.* XXIV, 106-111:

Così per li gran savi si confessa
che la Fenice more e poi rinasce,
quando al cinquecentesimo anno appressa:
erba né biado in sua vita non pasce:
ma sol d'incenso, lagrime ed amono;
e nardo e mirra son l'ultime fasce.

Passando al Cap. III troviamo che Cecco dice:

E l'aquila per tempo si rinnova
volando ne l'eccelsa parte ardente,
ché sotto la vecchiezza ella si cova.
Nel gran volato le sue penne ardendo,
riprende giovinezza, e ciò consente
natura, presso all'acqua ella cadendo[43].

Per l'immagine questo passo richiama *Purg.* IX, 19-33;

In sogno mi parea veder sospesa
un'aguglia nel ciel con penne d'oro,
con l'ali aperte ed a calare intesa;
. . . .
Ivi parea ch'ella ed io ardesse;
e sì l'incendio imaginato cosse,
che convenne che il sonno si rompesse.

Passando a leggere il Cap. VII, dove si parla della cicogna, si può ricordare a questo proposito un accenno che ne fa Dante in *Purg.* XXV, vv. 10-12. Così Cecco:

---

[42] *Op. cit.* Lib. III. Cap. II, vv. 2075-2077, pag. 255.

[43] *Op. cit.* Lib. III. Cap. III, vv. 2095-2100, pag. 256. Il Crespi, (*op. cit.* pag. 256 in nota), dice che questo è detto da Alberto Magno, VI, 638, della fenice.

Non fa col viso, ma col petto cova,
e dentro al core pur l'ova comprende,
che su lo sperma sua virtute muova [44].

E così Dante:

E quale il cicognin che leva l'ala
per voglia di volare, e non s'attenta
d'abbandonar lo nido e giù la cala...

Sempre nel libro III al Cap. X verso la fine, si trova una singolare coincidenza di linguaggio fra Cecco e il Dante di *Purg.* XX con cui ci imbatteremo nella « postilla politica ». Il primo così si esprime:

Veggio cader diviso questo regno,
veggio che è tolto l'ordine e lo bene,
veggio che regna ciascun uom malegno;
veggio li buoni qui non aver loco,
veggio che di tacere a ognun conviene,
veggio com'arde qui l'occulto foco;
veggio venire qui le piaghe nuove,
dico, se pietà ciò non rimuove [45].

Alcuni commentatori rimandano a questo punto a *Par.* II, vv. 1-8, come fa P. Rosario. A mio parere i versi del *Par.* che riporto più sotto non molto hanno a che fare con il passo dell'*Acerba* sopra citato.

O voi che siete in piccioletta barca,
desiderosi d'ascoltar, seguiti
dietro al mio legno che cantando varca,

tornate a riveder li vostri liti!
Non vi mettete in pelago! Chè forse,
perdendo me, rimarreste smarriti.

L'acqua ch'io prendo, giammai non si corse:...

---

[44] *Op. cit.* Lib. III. Cap. VII, vv. 2288-2290, pag. 267. Nell'edizione del P. Rosario questi versi sono riportati nel cap. XI in questa forma:
Non fa col petto, ma col viso cova;
dritto al core l'ova pur comprende,
che sovra sperma la vertute nova.

[45] *Op. cit.* Lib. III. Cap. X, vv. 2529-2536, pag. 280. Questo passo è riportato da P. Rosario (*Acerba*, ed. Carabba, Lanciano 1916) al cap. XXII.

Con i quali invece, assai più si conformano i vv. 265-268 del libro I Cap. IV:

Cessa, intelletto da le rotte vele,
che tua vertù non basta a veder luce
di quel che ti conviene esser fedele... [46]

Più chiara è l'influenza dantesca al cap. III:

Perché ciangotta la fiamma nel stizzo,
e perché l'uomo subito la smorta?
È cosa occulta naturale, o vizzo?
Ventosità rinchiusa ch'è nel legno
e l'umido che seco ognora porta
Muove la fiamma, sì che fa tal segno [47].

Facile è individuare il riferimento a *Inf.* XIII, vv. 40-42:

Come d'un stizzo verde, ch'arso sia
da l'un de' capi, che dall'altro geme
e cigola per vento che va via...

Quasi alla conclusione del Cap. VI troviamo:

Il loco è come forma del locato
e termina lo corpo ch'ei contiene,
si come sua materia l'ha formato [48].

Ch'è concetto riportabile a quello espresso da Dante in *Purg.* XXV vv. 88-90.

Tosto che luogo lì la circonscrive,
la virtù informativa raggia intorno
così e quanto ne le membra vive;...

Più dantesco di quanto non voglia, o non voglia ammettere, è Cecco in Cap. IX:

E tu a me: 'Oimè, perché addiviene
che raro di buon padre figlio nasce

---

[46] *Op. cit.* Lib. I. Cap. IV, vv. 265-267, pag. 142.
[47] *Op. cit.* Lib. IV. Cap. III, vv. 3509-3514, pag. 333.
[48] *Op. cit.* Lib. IV. Cap. VI, vv. 4043-4045, pag. 363.

che conseguisca lo consimil bene?
È per peccato, o natura lo vuole,
od è fortuna che nel ciel s'irasce? [49]

Infatti confrontando con *Purg.* VII, 127 e 132

Tant'è del seme suo minor la pianta...

Questi ha ne' rami suoi migliore uscita

e ancora con *Par.* VII, 93:

Come può uscire di dolce seme amaro

Fa seguito la spiegazione filosofica in cui anche Cecco si avventura al cap. XI:

... Or qui convien ch'io taccia,
ma quando vederò lo tempo e il loco,
di ciò conviene ch'io te satisfaccia [50].

Versi questi che è possibile confrontare con *Inf.* VI, 90:

Più non ti dico e più non ti rispondo.

Il riferimento però è forse più adatto a *Inf.* X, 130-132:

Quando sarai dinanzi al dolce raggio
di quella il cui bell'occhio tutto vede,
da lei saprai di tua vita il viaggio.

Subito dopo ai vv. 4578-4580 si può leggere:

... Or di' di questi sogni,
ch'ogni ignorante ne cura sì poco
e dice che di cerebro abbisogni [51].

A proposito di questo passo alcuni commentatori rimandano a *Par.* XXII vv. 112 sgg.:

O gloriose stelle, o lume pregno
Di gran virtù, dal quale io riconosco
tutto, qual che si sia, il mio ingegno...

---

[49] *Op. cit.* Lib. IV. Cap. IX, vv. 4289-4293, pag. 377. Crespi, (*op. cit.*), annota: « Nell'Alcabizio (pag. 49) è detto: ' Filius nobilis si oriatur sub coelo non virtuoso, in quantum patrizat in actibus nobilem virtutibus se demonstrat, sed in operibus deficit et est infra, quia non vult contradicere coelo suo ' ».

[50] *Op. cit.* Lib. IV. Cap. XI, vv. 4575-4577, pag. 393.

[51] *Op. cit.* Lib. IV. Cap. XI, vv. 4578-4580, pag. 393. Crespi annota « Si allude allo scherno di cui pare sia stato vittima l'autore per un passo dell'Alcabizio (v. 4613). Lo trattarono da demente ».

È poi evidente il richiamo a Dante *Purg.* XV, 56 al Cap. XII dello stesso libro IV. Vediamo di seguito i due passi:

Acerba Cap. XII:

Tant'ha di ben ciascun, quanto ha d'amore... [52]

Purg. XV, 56-57:

Tanto possiede più di ben ciascuno,
e più di caritate arde in quel chiostro.

e infine nel libro V Cap. I:

Da questo cielo vien tutta la luce,
la qual per l'universo ognora splende;
li, Dio creando, l'alme in noi conduce
Ma ciò negava al mondo Averroisse;
ma ben è certo poi ch'arde ed incende.
Ascolta come è falso ciò che disse [53].

E chiaro il riferimento polemico a *Purg.* XXV, in cui Dante parla della concezione averroistica dell'anima e della sua provenienza.

Penso che la schedatura di questi riferimenti più o meno espliciti abbia dato, unitamente al raffronto tematico iniziale, un quadro abbastanza chiaro dell'antidantismo di Cecco d'Ascoli, evidenziando, sino a farlo quasi toccare con mano, come egli cerchi in ogni modo di demolire il mito che si era venuto già allora formando intorno alla persona e all'opera di Dante. Il vero risultato ottenuto però è solo quello di dimostrare quanto lui stesso, in fondo e suo malgrado, sia imbevuto di concetti, versi ed espressioni dantesche.

C) *Postilla politica*

Evidenza tutta particolare vorrei dare ad aspetto di Cecco che di per sé esula dalla vera sfera culturale e poetica, alla quale però si

---

[52] *Op. cit.* Lib. IV. Cap XII, vv. 4625, pag. 396. Il passo di Cecco, anche se risente di una forma di linguaggio dantesca, risulta tuttavia, a mio parere, molto pesante, per il continuo ripetersi della stessa forma per ben cinque versi successivi.

[53] *Op. cit.* Lib. V. Cap. I, vv. 4719-4724, pag. 403. Cecco difende in questo passo la dottrina della creazione continua di anime destinate a militare in terra per conseguire merito e salire poi in cielo ad occuparvi i posti lasciati vacanti dagli angeli ribelli. Averroè, con la sua tesi di un unico intelletto agente per tutti gli uomini, rendeva inutile o assurda la creazione spirituale continua.

ricongiunge attraverso legame assai comprensibile: l'inserzione che ogni poeta e uomo di cultura veniva ad avere nella geografia politica del proprio tempo.

Anche da questo punto di vista non è affatto difficile precisare una più che fondata zona di incontri che poi si tramutano in regolari scontri sul piano delle scelte effettuate. Mi soffermerò soprattutto sull'episodio che meglio ci documenta i due opposti indirizzi: lo schiaffo d'Anagni.

In cosa consista la rievocazione fattane da Dante in *Purg.* XX è punto assai noto, ma vale la pena di risentirsi ancora l'accorata partecipazione ivi percepibile nei confronti di vicenda in cui il personale rapporto del poeta con Bonifacio VIII completamente scompare per dar luogo al più genuino degli omaggi che la Chiesa potesse ricevere in quanto « Corpo Mistico », con ciò portata a proiettare su Cristo le stesse sofferenze che le pervengono su piattaforma umana e in uno qualunque dei suoi membri:

> ... veggio in Alagna intrar lo fiordaliso,
> e nel vicario suo Cristo esser catto.
> Veggiolo un'altra volta esser deriso;
> veggio rinnovellar l'aceto e il fele,
> e tra vivi ladroni esser anciso.
> Veggio il nuovo Pilato sì crudele,
> che ciò nol sazia, ma sanza decreto,
> porta nel Tempio le cupide vele [54].

In Cecco la prospettiva viene assolutamente capovolta. Lo schiaffo d'Agnani non è già un episodio sul quale il letterato dovrà piangere come offesa a Cristo, ma, al contrario, una vicenda militare di cui la famiglia Colonna, materiale interprete della volontà di Filippo il Bello, potrà andare giustamente gloriosa:

> O Colonnesi, o figliuoli di Marte,
> toccaste il cielo con l'armata mano
> che sempre suonerà per ogni parte.
> Subita spada con gigliato grido
> paravvi ognora nel terren romano
> tener gli inimici col becco al nido.

---

[54] *Purg.* XX, vv. 86-93.

Di gente in gente pur la terza foglia
della colonna sarà posta in croce
Tornando il cielo nella prima doglia.
Non perderà la gloria del suo nome
pur resurgendo di tenebre a luce. [55]

Chi volesse veder ulteriormente allargarsi questa diversità di prospettive politiche non ha che da seguire il normale sviluppo di ragionamento; portandosi, cioè, da Bonifacio VIII a Filippo il Bello (tanto disapprovato da Dante [56] quanto benedetto da Cecco) e da questi all'intero mondo francese [57].

MARIA TERESA SILVOTTI

2) I CONDIZIONAMENTI DEL MONDO ECCLESIASTICO ESEMPLIFICATI ATTRAVERSO GUIDO VERNANI.

La vita di fra Guido Vernani, cioè dell'uomo che per primo raccolse e organizzò i malumori, le perplessità e gli odî suscitati dal pensiero politico di Dante, è molto poco conosciuta, perché scarse sono le notizie pervenuteci al riguardo. Il nome del Domenicano non si trova nei cataloghi di scrittori del suo ordine: quando vi compare, presenta alterazioni e modifiche che fanno dubitare sulla coincidenza del frate citatovi con l'autore del *De reprobatione.* Di lui qui mi occuperò prima sotto forma di premessa introduttiva, poi presentando una selezione di testi particolarmente indicativi

A) *Premessa introduttiva.*

Nacque a Rimini o nei dintorni, e in Rimini, nel Convento di S. Cataldo, ricevette gli ordini. Dal 1310 per circa dieci anni fu lettore nello « Studio generale » bolognese, e non cancelliere dell'Università, come erroneamente lo definì il Ferrari [58]. Fino al 1325

---

[55] *Op. cit.* Lib. II.

[56] Vedasi *Par.* XIX.

[57] Basti pensare al ben diverso modo in cui è visto il « sanguinoso mucchio » fatto da Guido da Montefeltro.

[58] G. FERRARI, *Su gli scrittori politici italiani*, IV, Manin, Milano 1862. Sull'argomento cfr. G. CARDUCCI, Edizione Nazionale, Editore Zanichelli, vol. X, *Dante Della varia fortuna di Dante*, p. 301.

mancano sue notizie, a eccezione di due documenti che provano come il Domenicano si trovasse a Treviso all'inizio del 1317, e a Bologna alla fine dello stesso anno. Questi spostamenti fanno pensare che il Vernani fosse tenuto in un certo conto, e questo è confermato da un episodio del 1325. In quell'anno il papa Giovanni XXII scomunicò Ludovico il Bavaro e Castruccio Castracane degli Antelminelli [59], e toccò proprio a fra Guido, il 22 settembre, l'incarico di leggere e di spiegare al clero e al popolo di Rimini la bolla di condanna, nella Cattedrale di S. Colomba: è questo un segno sicuro che il Vernani non solo era stimato e apprezzato negli ambienti ecclesiastici della città, ma era anche molto conosciuto fra i cittadini. L'ultima notizia pervenutaci informa che il 20 gennaio 1344, nella sua qualità di sindaco del convento, vendette una casa per trenta lire ravennati. Si ignora l'anno della morte: lo stesso Nevio Matteini, cui si deve l'edizione critica del *De reprobatione Monarchiae* [60] non ha potuto

---

[59] Per avere un'idea di questi anni tormentati basta leggere una pagina di Ludovico Antonio Muratori: « Anno Domini MCCCXXIII. Dominus Ostasius de Polenta die XX Septembris cum paucis sibi complicibus dominium Civitatis Ravennae de manibus Domini Rainaldi de Polenta Archidiaconis, et Domini Guidonis Novelli Fratris ipsius Raynaldus occiditur, ipso Domino Guidone existente Capitaneo Bononiae. Eodem Anno die Veneris, scilicet die XVIII. Iunii noctis Dominus Guido Novellus de Polenta cum exulibus Civitatis Ravennae, et cum Amicis ipsius, quaesitis guarnimentis de Civitate et Comitatu Bononiae, et aliis equitum, et peditum, et maxime de Civitate Forlivii, equitavit ad Civitatem Ravennatem, faciendo deferri scalas, et scalandrios, ut intrare posset Civitatem, et ipse Dominus Guido, et qui cum eo erant, invaserunt Burgum Portae Adrianae per terram, et Canale dicti Burgi cum aliquibus, qui ad hoc negotium in burcolis venerunt, et hoc modicum ante Auroram diei. Et propter intrinsecos nihil facere potuerunt, sed potius sua intentione frustrati per fugam remedium quaesiverunt, ad Civitatem Forlivii redeuntes, relictis scalis, et scalandriis suprascriptis. Anno Domini MCCCXXIX. Die XXIV. Mensis Martii. Dominus Ostasius de Polenta restituit Civitatem Ravennae Ecclesiae Romanae existente Domino Bertrando Episcopo Ostiense Cardinali in Civitate Bononiae ». (L. Muratori, *Rer. Ital. Script.*, I, parte II, p. 574).

[60] N. Matteini, *Il più antico oppositore politico di Dante: Guido Vernani da Rimini*, CEDAM, Padova 1958. Le edizioni del *De reprobatione Monarchiae* sono assai poco numerose. Sembra che il trattato sia stato pubblicato per la prima volta a Roma nel 1741: infatti F. P. M. Domaneschio nel suo *De rebus coenobii cremonensis ordinis praedicatorum, deque illustribus qui ex eo prodiere viris commentarius*, Cremonae, ex Typ. Petri Ricchini, 1767, a p. 382 dice: « Edit. primum Romae apud Paccarinios anno 1741. Tum Bononiae apud Thomam Colli anno 1746 ». Tuttavia presso il centro di Informazioni bibliografiche della Nazionale di Roma non si è potuta raccogliere alcuna prova di questa edizione romana, che rimane pertanto malcerta. La prima edizione sicura è quella bolognese di cui parla lo stesso Domaneschio, e che compare insieme al *De potestate* nel 1746, a cura di un Thomas Ricchinius O. P. Le edizioni modrene sono tre. La prima è Jarro (G. Piccini), *Fr. Guidonis Vernanis De reprobatione Monarchiae, compositae a Dante Alighiero florentino,* rarissimo opuscolo del sec. XIV per la prima volta tradotto in italiano e ripubblicato, Firenze-Roma-Milano 1906, edizione mal riuscita soprattutto per i

rintracciare alcun documento che faccia luce sulla questione, e avanza l'ipotesi che la morte possa essere avvenuta nel 1348, durante la grande peste descritta dal Boccaccio, che fece numerosissime vittime anche nel territorio di Rimini [61].

Il trattato *De reprobatione Monarchie composite a Dante* [62] è di datazione assai dubbia: è fuori discussione che fu composto fra il 1323 e il 1334, perché nella dedica si legge « Suo carissimo filio Gratiolo de Bambaiolis, nobilis communis Bononie cancellario » [63], e si sa che Graziolo tenne quella carica appunto negli anni sopra indicati. Una datazione più precisa è possibile se, come fanno alcuni, si colloca nel 1327 la composizione di un'altra operetta, il *De Potestate Summi Pontificis*, scritta sicuramente prima del *De reprobatione*: in questo caso gli anni per una possibile datazione si riducono a quelli intercorrenti fra il 1327 e il 1334.

Per comprendere i motivi che indussero il Vernani a comporre questo trattato polemico contro Dante bisogna aver presente, almeno per sommi capi, la situazione che si era venuta creando dopo la morte del Poeta. L'opera dell'Alighieri aveva suscitato scalpore un po' dappertutto, anche se le lodi maggiori andavano, più che al poeta, al filosofo, al teologo, allo scienziato, al retore; appunto per effetto di questo consenso pressoché unanime nacquero i primi dissensi e le prime critiche, generati all'inizio dall'invidia, e alimentati in seguito da motivi di ordine teologico e filosofico, e più ancora politico. L'invidia fu certamente la causa delle critiche di Cecco d'Ascoli, che nella sua qualità di scienziato non poteva ammettere che un uomo di lettere e di poesia come Dante si cimentasse con i problemi dell'astro-

---

numerosissimi errori, per l'alterazione dei vocaboli e per la soppressione di parole. La seconda è quella: TH. KAEPPELI, *Der Dantegegner Guido Vernani O. P. von Rimini*, estr. da « Quellen und Forschungen aus italienischen Archiven und Bibliotheken herausgegeben vom Deutschen Historischen Institut in Rom », XXVIII, Rom 1938: questa edizione, che presenta errori di scarsissimo conto, si basa sul ms. del British Museum. L'ultima edizione è quella citata di NEVIO MATTEINI, che riproduce quella del Kaeppeli, correggendola nei pochi luoghi in cui presenta una lezione erronea, e mettendo in nota le varianti dell'altro manoscritto del trattato, quello della Classense di Ravenna.

61 N. MATTEINI, *op. cit.*, pp. 17-18.

62 Questo trattato ci è giunto per mezzo di due codici: il Cod. Add. 35325, Collez. Philipps 6310, ff. 2-9, conservato al British Museum, e il Cod. 335, ff. 65-68 conservato alla Classense di Ravenna. Cfr. N. MATTEINI, *op. cit.*

63 *Op. cit.*, p. 93.

nomia: da questo astio di persona che sente invaso il proprio dominio nascono le rime cattive dell'*Acerba* [64].

D'altro canto numerosi passi delle opere dell'Alighieri potevano prestare il fianco a critiche di carattere filosofico e teologico, critiche sostenute in modo particolarmente acceso da quegli ecclesiastici che vedevano nei passi incriminati una volontà di sminuire l'autorità e il potere del Papa. Fra i più intransigenti teocratici era anche il Vernani, che già nel *De Potestate Summi Pontificis* aveva scritto:

> Quia multi ex inordinato partis affectu ignorantiae tenebris involuti, in verba sacrilega promperunt, quae in damnabilem haeresim latenter inducunt: qui scilicet privilegiis Sanctae Romanae Ecclesiae, sibi a Christo concessis detrahere non verentur et ea quasi annullare conantur, dicentes quod quaecumque terrena potestas in populo Christiano Romani Pontificis non fit subdita potestati.

Le critiche e le accuse di parte ecclesiastica, già per loro conto abbastanza dure, si inasprirono ancor di più quando la questione fu posta in termini politici dai seguaci di Ludovico il Bavaro e del suo antipapa, i quali avevano preso il *De Monarchia* di Dante come testo filosofico e teologico atto a dimostrare le buone ragioni della lotta contro il Papato. La reazione pontificia fu estremamente decisa: il Cardinale Bertrando del Pòggetto fece bruciare il trattato dantesco, e la stessa cosa avrebbe fatto con le ossa del Poeta, se Ostasio da Polenta e il fiorentino Pino della Tosa non fossero riusciti a fargli cambiare idea in un convegno bolognese dei primi del 1329 [65].

Il problema è ora di stabilire se il Vernani, che in quel tempo press'a poco scriveva il *De reprobatione,* scrisse dietro incitamento del Cardinale o di propria personale iniziativa: non ci sono prove né per l'una né per l'altra delle due ipotesi, e gli argomenti che il Maccarone porta a favore della seconda non paiono convincenti [66].

---

[64] Sull'argomento rimando a quanto già ampiamente dimostrato da M. T. SILVOTTI nel saggio che mi ha preceduto.

[65] La notizia ci viene da G. BOCCACCIO, *Vita di Dante*: nelle *Opere,* ediz. Moutier, XV, p. 76. Cfr. G. CARDUCCI, *op. cit.,* pag. 300.

[66] M. MACCARONE in *Il Processo di Dante,* Arnaud, Firenze, 1967, p. 64: « Se il Vernani scriveva per incarico del Cardinale, avrebbe dovuto prendere di mira principalmente, se non esclusivamente, il terzo libro della *Monarchia* di Dante, e con argomenti che dimostrassero come fosse pieno di *eresie.* Invece egli si vale di argomenti filosofici per condannarlo, e lo accusa di *errori...* ». L'argomentazione del Maccarone non convince appieno perché il Vernani, nel brano ora ora citato del

La questione è aperta, e allo stato attuale degli studî non sembra che sia possibile risolverla in modo esauriente.

Più importante in questo momento è analizzare, anche se velocemente, i caratteri del trattato del Domenicano, e vedere di conseguenza il valore delle tesi che venivano contrapposte a quelle di Dante. Già a una lettura superficiale si nota come il Vernani non nomini mai l'Alighieri, ritenendolo indegno di tanto onore, e lo indichi ora con « ille homo » ora con « iste homo »: questo primo particolare rivela l'astio profondo che pervade tutta l'opera, e che diventa manifesto in numerose frasi: « Hoc autem secundum philosophiam est intolerabilis error » [67], « affectus partis cor eius insipiens obscuravit » [68], « persuadere conatur inepta persuasione » [69], « promittit quod eum observare sua presumptuosa ignorantia non permittit » [70], « que probatio est potius deridenda quam dissolvenda » [71], « haec autem ratio prima facie in conspectu omnium, etiam rusticorum, videtur iniqua » [72], « hic iste homo copiosissime deliravit » [73], « ille homo in refellendo istud argumentum satis delirare videtur » [74], « sufficere debebat illi homini depravare philosophiam, et divinam scripturam debuit in suo vero intellectu dimittere illibatam » [75]. L'elenco potrebbe continuare, ma mi sembra che le frasi citate diano un saggio sufficiente dell'asprezza con la quale il Vernani combatté la sua battaglia. Del resto giova ricordare che la polemica contro Dante era talmente sviluppata a quel tempo nell'intero Ordine Domenicano, che in un capitolo tenutosi a Firenze l'8 settembre 1335 si vietò espressamente la lettura degli scritti « per illum qui Dante nominatur in vulgari compositos » [76]. Ad ogni modo quanto il Ver-

---

De Potestate, parla di eresia a proposito di quegli stessi argomenti che qui bolla come errori. Inoltre, come si vedrà, la confutazione del terzo libro della *Monarchia* ha una base non solo filosofica ma anche teologica e dottrinale.

[67] *Op. cit.*, p. 96, stico 29-30.

[68] *Op. cit.*, p. 98, stico 4-5.

[69] *Op. cit.*, p. 100, stico 4.

[70] *Op. cit.*, p. 100, stico 25-26.

[71] *Op. cit.*, p. 103, stico 14-15.

[72] *Op. cit.*, p. 107, stico 9-10.

[73] *Op. cit.*, p. 108, stico 11

[74] *Op. cit.*, p. 109, stico 25-26.

[75] *Op. cit.*, p. 111, stico 7-9.

[76] P. Masetti, in *Monumenta et antiquitates Romanae Provinciae* O. P., I., Romae 1864, p. 128.

nani afferma può essere accettato solo da un teocratico del XIV secolo, e vano è chiedersi chi abbia ragione fra Dante e il Domenicano: la disputa, se così si può chiamare, è condotta su due piani diversi, perché i due contendenti parlano due lingue diverse. Dante più che procedere rigorosamente per mezzo di sillogismi, a volte si lascia trascinare dal proprio sentimento e dalla propria speranza, e si sforza di portar ragioni ed elementi atti a dimostrare razionalmente l'aspirazione più alta del suo sogno politico. A questo linguaggio infiammato il Vernani oppone la fredda logica e un procedere che denota una mentalità quanto mai angusta: con questi mezzi riesce spesso a riportare una facile vittoria sugli argomenti danteschi, ma non è chi non veda come dalla polemica il dotto frate esca facendo una figura piuttosto meschina, mentre l'Alighieri giganteggia per la sua fede in un rinnovamento politico e morale.

B) *Selezione di testi.*

Mi si perdonerà, spero, una prima citazione piuttosto lunga. Serve non solo ad introdurre l'argomento, ma anche a ricostruire dal vivo il clima d'astio in cui il discorso viene introdotto.

TRACTATUS FRATRIS GUIDONIS VERNANI
ORDINIS PREDICATORUM
DE REPROBATIONE MONARCHIE COMPOSITE A DANTE [77]

Suo carissimo filio Gratiolo de Bambaiolis, nobilis communis Bononie cancellario, frater Guido Vernanus de Arimino Ordinis Predicatorum salutem, et sic transire per bona temporalia ut non perdantur eterna. Sicut sepe contingit quod vas, in concavo potum vel cibum continens venenosum vite corporalis et transitorie peremptivum, protendit falsam et fallacem pulchritudinem exterius in convexo, ut non solum ignorantes et desides decipiat, sed etiam studiosos, sic in spiritualibus experimur frequentius et novimus periculosius evenire. Habet enim mendax et perniciosi pater mendacii sua vasa que, in exterioribus honestatis et veritatis figuris fallacibus et fucatis coloribus adornata, venenum continent tanto

[77] Nella scelta dei passi del *De reprobatione* avevo due possibilità: o riprodurre alcune frasi per ogni argomento del Vernani, tralasciando le frequenti citazioni, e dando così una visione d'insieme dell'opera; oppure riprodurre solo pochi argomenti, ma integralmente, in modo che fosse chiaro il metodo seguito dal Vernani nelle sue critiche. Ho scelto questa seconda via, avendo cura di collegare brevemente i varî brani, in modo da dare del trattato un'idea il più possibile completa.

crudelius et pestilentius quanto rationalis anima, vita divine gratie illustrata a qua decidit qui cadens per superbiam in veritate non stetit, corruptibili corpori noscitur preminere. Inter alia vero talia sua vasa quidam fuit multa fantastice poetizans et sophista verbosus, verbis exterioribus in eloquentia multis gratus, qui suis poeticis fantasmatibus et figmentis, iuxta philosophie Boetium consolantis, scenicas meretriculas adducendo, non solum egros animos, sed etiam studiosos dulcibus sirenarum cantibus conducit fraudolenter ad interitum salutifere veritatis .. [78].

Dividitur autem illud scriptum principaliter in tres partes in quarum prima probare nititur quod ad bene esse mundi requitur monarchia, idest, unicus princeps et unicus principatus. Quamvis autem hoc habeat aliqualiter veritatem, ad hoc tamen probandum multos errores inducit. Procedit enim sic: Partes habent diversos fines inter se et etiam diversos a fine totius, verbi gratia alius est finis oculi, scilicet videre colores et dirigere gradientes, et alius est finis auditus, scilicet cognoscere sonos; differunt etiam isti fines a fine hominis singularis cuius iste partes sunt potentie naturales. Quis autem sit finis singularis hominis non declarat, dum dicit quod sicut finis hominis est alius a fine totius hominis, ita finis unius hominis est alius et diversus a fine totius humani generis, cum unus singularis homo sit pars totius multitudinis.

Sed hoc est manifeste falsum. Quod probatur auctoritatibus, rationibus et exemplis. Nam Aristoteles in VII Polit., cap. « Utrum autem », manifeste dicit quod eadem est felicitas unius hominis et totius civitatis; et dicit quod omnes hoc communiter opinantur. Nam qui dicunt unum hominem esse felicem propter divitias, dicunt civitatem, si fuerit dives, esse felicem. Similiter qui dicunt propter principatum tyrannum esse felicem, et civitatem pluribus principanten dicunt esse felicem; et si dicunt unum hominem propter virtutem esse felicem, et civitatem virtuosam dicunt esse felicem. Non est ergo alius finis unius hominis et totius humani generis. Hoc idem dicit beatus Augustinus, I lib. De civ. Dei, cap. 15, ubi sic dicit: « Non est aliunde beata civitas et aliunde unus homo, cum non sit aliud civitas quam concors hominum multitudo ».

Ex quo patet, cum beatitudo sit ultimus finis, quod non est alius ultimus finis unius singularis hominis et alius totius humani generis. Ad cuius evidentiam est sciendum, quod creator omnium rerum Deus, qui omnia in eterna sapientia sua fecit, « cuncta disposuit in numero, mensura et pondere », ut dicitur Sap. II. Quod exponens beatus Augustinus IV lib. super Genes., cap. 5 dicit quod « mensura omni rei modum et terminum prefigit, numerus omni rei speciem prebet, pondus omnem rem ad quietem et stabilitatem trahit ». Sicut ergo quelibet res in sua specie habet naturam limitatam et terminatam, propter quod definitio rei dicitur terminus, ita habet inclinationem ad certum finem et terminum ut in eo stabiliatur et quiescat, que quidem inclinatio in corporibus dicitur pon-

[78] *Op. cit.*, p. 93.

dus. Unde gravitas in terra et in corporibus terrenis trahit ad deorsum, levitas vero ignem trahit ad sursum. Inclinatio vero in spiritibus est amor; unde Augustinus, XI lib. De civ. Dei, cap. 28, dicit: « Velut amores corporum, momenta sunt ponderum, sive deorsum gravitate, sive sursum levitate nitantur. Ita enim corpus pondere, sicut animus amore fertur, quocumque fertur ». Sicut autem omnia gravia sua gravitate naturaliter moventur ad centrum ita quod non est aliud centrum omnium gravium et unius singularis corporis gravis, ita non est alius finis unius singularis hominis et alius totius humani generis. Et ita omnes homines generaliter et quilibet singulariter appetunt unum ultimum finem, scilicet beatitudinem. Beatitudo autem que rationalem terminat appetitum non est aliud quam visio et fruitio summe veritatis et summe bonitatis, et ideo in nulla creatura potest requiescere cor humanum. Unde Augustinus, I lib. Confess., dicit Deo: « Fecisti nos Domine ad te et inquietum est cor nostrum donec requiescat in te ». Et in lib. IV, cap. 6, dicit: « Redite prevaricatores ad cor et inherete illi qui fecit vos, state cum eo et stabitis, quiescite in eo et quieti eritis. Non est requies ubi queritis; querite quod queritis, sed non est ubi queritis. Beatam vitam queritis in regione mortis, non est illic. Quomodo enim beata vita ubi non vita? » Que verba manifeste sonant quod in ista mortali vita beatitudo haberi non potest. Quod etiam probat beatus Thomas de Aquino lucide et aperte in III lib. Contra Gentiles. Et si aliqui dicant quod potest esse beatitudo politica in hac vita que consistit in operatione virtutum moralium, audiant Augustinum, XIX lib. De civ. Dei, dicentem quod non est aliquis qui miserias huius mundi sufficiat explicare cum quibus beatitudo esse non potest. Et infra dicit quod virtus moralis agit perpetuum bellum cum vitiis in hac vita. Absit autem ut, quamdiu in hoc bello sumus, nos beatos esse dicamus.

Argumentum autem de diversitate partium nihil valet, quia partes hominis sunt ab invicem specie differentes, sicut manus a pede et oculus ab aure. Non sic autem differt homo ab homine. Unde ultimus finis unius hominis non differt ab ultimo fine alterius hominis nec ad ultimo fine totius humani generis. Unde patet, quod ille homo turpiter erravit per fallaciam equivocationis, quia alia est ratio partis integralis, et alia ratio partis subiective, qualis est Petrus et Paulus respectu totius generis. Attendendum est autem quod diverse beatitudines diversorum hominum, ut puta Petri et Pauli, differunt quidem secundum numerum, sed non differunt specie neque quantum ab obiectum quod est omnibus summum bonum [79].

Il Vernani passa poi a esaminare il secondo e il terzo errore, che consistono nel dire che per gli angeli essere e comprendere sono

---

[79] *Op. cit.*, p. 94-96. Il passo della *Monarchia* cui il Vernani si riferisce è molto discusso, ma tenendo presente l'opera nella sua interezza è molto probabile che Dante parlasse di una differenza puramente quantitativa fra i due fini, individuale e collettivo.

la stessa cosa, e che l'« intellectus possibilis » non si può attuare se non attraverso tutto il genere umano. Al secondo errore ribatte che i corpi celesti sono eterni, eppure non comprendono, e che le stesse anime umane, pur essendo eterne, non sempre comprendono. Viene così confutata la tesi dantesca secondo la quale una cosa è eterna solo se il suo essere coincide con il pensare e il comprendere. Al terzo risponde che l'intelletto è una parte dell'anima, e quindi, essendo l'anima individuale, è esso pure individuale.

Questi tre errori e la loro confutazione sono argomento della prima parte dell'opera: nella seconda si parla del diritto che ebbe il popolo romano di governare il mondo [80].

Sequitur videre de parte secunda in qua quedam ampullosa verba premittit, in quibus promittit quod eum observare sua presumptuosa ignorantia non permittit. Vult enim, et promittit se probaturum, quod populus romanus de iure, et non usurpative, imperium acquisivit. Et hoc per septem argumenta probare conatur [81].

Il primo argomento esaminato è il seguente: il popolo più nobile a buon diritto domina sugli altri; il romano fu il popolo più nobile, quindi dominò giustamente. Il Vernani afferma che i Romani furono corrotti, desiderosi di una gloria terrena, prostituiti ai demoni: non dunque il popolo romano, ma l'ebraico, come eletto da Dio, meritò di governare il mondo. Questo non avvenne a causa dei suoi peccati.

Secundo arguit sic: Quod Dei voluntate fit, iuste fit. Sed romanus populus acquisivit imperium per Dei voluntatem. Ergo iuste. Maior est manifesta. Minorem probat sic: Ad hoc quod romani imperium obtinerent, multa miracula sunt ostensa. Primo, Numa Pompilio romanorum rege more gentilium, idest demonibus sacrificante, ancile de celo in Roma cecidit. Alio tempore, iam quasi tota Roma capta preter Capitolium, anser custodes Capitolii excitavit et inimicos adesse dixit. Et, cum Annibal sic romanos premeret ut ad finalem eorum deletionem nihil restaret nisi inimicorum insultus ad urbem, subita et intolerabilis grando eius victoriam impedivit.

Ad istud argumentum respondendum est per distinctionem. Distin-

---

[80] Notiamo per inciso il carattere nettamente polemico dell'opera del Vernani anche nella sua struttura: infatti ognuna delle tre parti in cui si divide il *De reprobatione* confuta un libro della *Monarchia*, quasi con la tecnica, se così si può dire, della botta e della risposta.

[81] *Op. cit.*, p. 100.

guunt enim doctores, I Sentent. de voluntate Dei mutipliciter. Nam est voluntas Dei antecedens, qua voluntate vult omnes homines salvos fieri ut dicit apostolus, I Tymot. 2 cap.; et ista non semper impletur. Est alia eius voluntas consequens qua vult Petrum et Paulum salvari, et ista semper impletur. Distinguitur etiam aliter. Quia est Dei voluntas que dicitur voluntas beneplaciti, et quidquid secundum istam fit, iuste fit. Et est quedam voluntas que dicitur voluntas signi que est etiam multiplex, scilicet praeceptum istas voluntates Dei, iuste fit, preter voluntatem permissionis. Nam qui facit, quod Deus precipit et consult, et fugit, que Deus prohibet, iuste facit; sed non semper, qui facit que Deus permittit, iuste facit Nam Deus permittit hominem furari et alia peccata facere, et tanem qui furatur et qui adulteratur, non iuste facit. Non ergo sequitur, si Deus permisit romanos alios vincere et superare, quod propter hoc romani iuste alios subiugarent. Nam Deus iuste permisit homines peccatores esse in demonum potestate, tamen dyabolus eos cum iniustitia detinebat.

Sed quod Deus voluerit quod romani regnarent voluntate beneplaciti, probat per miracula. Que probatio est potius deridenda quam dissolvenda. Sed, ut ignorantibus satisfiat, dicamus primo quod facile fuit demonibus unum ancile, idest scutum, aliunde portatum, in aere sublevare et super Romam cadentem dimittere. De ansere vero magis ridere debemus, quia aut ille anser fuit verum animal vivum, aut fantasticum; si fuit verum animal, naturaliter est animal multum vigilans, et si dormit ad sonum modicum excitatur et clamat, unde non est pro miraculo sed pro ridiculo reputandum. De hoc beatus Augustinus, II lib. De civ. Dei, deridens sic dicit: « Tunc tota urbe in hostium potestate redacta solus collis capitolinus remanserat, qui etiam ipse caperetur, nisi saltem anseres, diis dormientibus, vigilarent. Unde in superstitionem Egyptorum, bestias avesque colentium, Romani deciderant, cum anseri solemnia celebrabant ». Si autem fuit anser fantasticus, etiam hoc fuit facile demonibus figurare et etiam per ipsum loqui, sicut per serpentem dyabolus primis parentibus est locutus. Quod vero dicit de grandine, nullo modo est pro miraculo reputandum. Primo quidem quia potuit esse casuale, sicut casuale est quod me ambulante grando naturaliter generetur et impetuose descendat. Potest etiam per demones procurari qui congregatis causis naturalibus, quas bene cognoscunt, et grandines et pluvias et absque difficultate producunt [82] quantum et quando Deus permittit, sicut legitur in Exodo de magis Pharaonis et sicut dici beatus Augustinus, in III lib. de Trinit., cap. 6. et 7. De illa virgine Clelia narrat Valerius, lib. III cap. 2, quod « egresse de custodia nocte equum conscendit celerique traiectu flumen transivit »; hic nullum apparet miraculum. [83]

---

[82] Questo passo dimostra quanto la *Commedia* fosse conosciuta in quei tempi: è infatti difficile pensare che qui non vi sia un'eco di *Purg.* V, 109-123.

[83] *Op. cit.*, p.102-104.

Il terzo, il quarto e il quinto argomento, cioè il fatto che i Romani avessero capito quale fosse il bene pubblico, che fossero stanziati nel luogo scelto da Dio, e che ciò che è guadagnato in guerra è guadagnato giustamente, non offrono motivi nuovi: il Vernani insiste sempre nella sua tesi teocratica, e ha modo di porre in ridicolo le argomentazioni di Dante, come quando afferma che se il quinto argomento fosse valido, anche Roma sarebbe stata tante volte sconfitta giustamente, e tutta la costruzione dantesca crollerebbe.

Sexto dicit quod Christus approbavit imperium Cesaris quando sub illo edicto nasci voluit de quo Lucas dicit: « Exiit edictum a Cesare Augusto ut describeretur universus orbis ».

Secundum istam rationem sequeretur quod dyabolus iuste fecit Christum temptando, et Iudas eum tradendo, Iudei eum linguis crucifigendo, milites flagellando, Pylatus ad mortem condemnando. Nam Christus sub potestate omnium istorum esse voluit: « Oblatus est enim, quoniam voluit » [84], non tamen eorum nequitiam approbavit. Non ergo illud edictum approbavit ad quod constituendum duo vitia, scilicet avaritia et vana gloria, Cesarem induxerunt [85].

Il settimo argomento è il seguente: se l'impero romano non fosse stato legittimo, il peccato originale non sarebbe stato espiato, perché un peccato viene punito solo dopo la sentenza di un giudice legittimo, nel nostro caso Pilato. Se l'autorità di Pilato era legittima, legittimo era anche l'impero romano, che a quell'autorità l'aveva nominato. Qui il Vernani ha buon gioco nel dimostrare che l'espiazione del peccato originale non poteva dipendere da un giudice terreno.

La terza parte si apre con un nuovo argomento di Dante, questa volta riguardante la presunta allegoria del sole e della luna nel racconto della creazione. Dante dice che essendo i due regimi, spirituale e temporale, degli accidenti, non furono prima dell'uomo, mentre al contrario sole e luna, secondo il racconto della creazione, precedono la comparsa dell'uomo: dunque il sole e la luna non rappresentano i due poteri. Il Vernani risponde che « illa duo regimina precesserunt creationem et multiplicationem hominum in divina providentia in qua sunt omnia antequam fiant » [86]. Poi Dante afferma che i due

---

[84] *Is.*, 2, 1.
[85] *Op. cit.*, p. 107-108.
[86] *Op. cit.*, p. 110, stico 4-6.

regimi furono istituiti per combattere il peccato, e che quindi necessariamente lo seguono: fra Guido risponde, rivoltando contro Dante un esempio da lui stesso portato, che un buon medico, se prima della nascita di un bimbo prevede la malattia futura, prepara la medicina anche se il paziente non è ancora nato.

Tertium argumentum erat sumptum de I lib. Reg. 8 cap., quod etiam ego assumpsi in tractatu nostro de potentia pape [87], quia Samuel qui erat sacerdos, instituit Saul in regem et deposuit eum. Ad hoc respondet ille homo et dicit quod Samuel hoc fecit non ut vicarius Dei, sed ut nuntius. Non ergo sequitur, si nuntius hoc potuit, ergo vicarius potest. Sufficere debebat illi homini depravare philosophiam, et divinam scripturam debuit in suo vero intellectu dimittere illibatam. Nam secundum beatum Hieronymum « vitiosissimum docendi genus est depravare sententias et ad sensum suum scripturam trahere repugnantem » [88]. Quod ille fecit quando dixit quod Samuel sacerdos in instituendo regem fuit nuntius Dei et non fecit hoc auctoritate sacerdotii. Sed hoc de ipsa littera libri Regum statim deprehenditur esse falsum. Sic enim dicitur, I Reg. 8 cap.: « Factum est autem, cum senuisset Samuel, posuit filios suos iudices in Israel », unum scilicet in Bethleem et alium in Bersabee, ut ibi dicit Glossa. Ecce quod auctoritate quam habebat sicut iudex ordinarius et non sicut novus Dei nuntius, auctoritatem et potestatem in temporalibus filiis suis dedit. Et sequitur in eodem capitulo quod « illi filii eius declinaverunt post avaritiam, acceperunt munera et perverterunt iudicium. Congregati ergo universi maiores natu Israel venerunt ad Samuelem et dixerunt ei: Ecce tu senuisti et filii tui non ambulant in viis tuis, constitue nobis regem ut iudicet nos sicut et universe habent nationes ». Isti ergo maiores natu sciebant quod Samuel habebat potestatem dandi eis rectorem in temporalibus, alias tot sapientes hoc ab eo non postulassent. Sed quia hec res nova et magna erat et oporteret condere novam legem, ideo Samuel de hoc consuluit Dominum cuius vicarius in populo illo erat. Sic enim facere debet quilibet bonus et sapiens legislator. Unde Augustinus in lib. De vera religione, cap. 56, dicit: « Conditor legum temporalium, si vir bonus est et sapiens, illam consulit legem eternam de qua nulli anime iudicare datum est, ut secundum eius incommutabiles regulas quid sit pro tempore iubendum vetandumve discernat ». Videtur etiam dicere iste homo quod nuntius non sit vicarius, nec vicarius sit nuntius, quod tamen invenitur esse falsum. Nam apostoli fuerunt nuntii missi a Domino Iesu Christo, sicut ipse dicit in Johanne: « Sicut misit me Pater et ego mitto vos » [89]; et tamen fuerunt iudices ordinarii quorum locum in ecclesia hodie tenent

---

87 *Op. cit.*, p. 22-26.

88 S. GEROLAMO, *Epist.*, LIII, 7.

89 JOH., 20, 21.

episcopi, ut habetur 21. dist. « In novo » [90]. Et legati sunt nuntii eius a quo missi sunt, et tamen sunt ordinarii et agunt in virtute illius a quo missi sunt. Propter quod Christus dicebat apostolis: « Qui vos audit, me audit, et qui vos spernit, me spernit » [91]. Non ergo sequitur quod si Samuel requisivit consilium et voluntatem Dei, quod ipse fuerit solum nuntius et non vicarius, cum ipse fuerit iudex ordinarius in spiritualibus et temporalibus usque quasi ad suam ultimam senectutem, ut patet in preallegato libro Regum [92].

Item dicit quod illum verbum Christi: « Quodcumque solveris super terram » etc., non intelligitur nisi de his que subiacent potestati clavium; unde addit quod papa non potest solvere leges et decreta imperatorum.

Ad hoc videtur dicendum quod potestas clavium consequitur ordinem sacerdotalem et simul cum ordine confertur sacerdoti, ut utatur ea in foro conscientie in absolvendo peccatorem, contritum et confessum a peccatis ipsius et ligando ipsum ad penam satisfactoriam pro peccatis. Et ista potestas fuit collata Petro et aliis apostolis equaliter, Joh. 20, quando Christus dixit omnibus: « Accipite Spiritum sanctum, quorum remiseritis peccata remittuntur eis » etc. Alia est potestas iurisdictionis per quam iudex ecclesiasticus in foro exteriori ligat vinculo excommunicationis et solvit etiam ab eodem vel ligat condemnando et solvit innocentem ostendendo. Hanc autem potestatem generaliter quoad totam ecclesiam sine aliqua distinctione accepit Petrus a Christo, Joh. 21, ubi dictum est ei: « Pasce oves meas ». Ubi dicit Glossa: Pascere oves est credentes in Christo, ne a fide deficiant, confortare, terrena subsidia, si necesse est, subditis previdere, exempla virtutum cum verbo predicationis impendere, adversariis obsistere, errantes subditos corrigere. Ex quo patet quod Christus dedit Petro et successoribus Petri potestatem iudicarie correctionis super omnes oves eius. Papa ergo potest corrigere imperatorem qui est de ovibus Christi. Unde etiam determinatum est per concilia quod omnis homo christianus est eius subditus et ab eo corrigendus Et si est incorrigibilis, non solum est excommunicandus, sed etiam deponendus et omni honore ac dignitate privandus ita quod potestas clavium in utroque foro, occulto et extrinseco, ratione delicti non solum hereticos sed etiam schismaticos et omnino contumaces cum iustitia exigit, privat bonis, addicit eos capientium servituti et omnes penas, preter penam sanguinis, omnibus predictis licet ei imponere.

Quod vero dicit de legibus et decretis imperatorum, dico quod lex imperatoris derivatur a iure nature per modum necessarie conclusionis, et tunc non potest tolli nisi sicut ipsum ius naturale quod nullus homo tollere potest. Aut derivatur per modum determinationis, quod quidem antequam statuatur est indifferens, sed obligat postquam per principem est sta-

---

[90] *Decretum Gratiani*, P. 1, d. 21, c. 2.

[91] Luc., 10, 16.

[92] *Op. cit.*, p. 111-112.

tutum, et tale ius variari et tolli potest, vel per contrariam consuetudinem, vel ex certa et rationali causa. Et etiam si papa ex certa scientia conderet decretalem tali iuri contrariam, standum esset statuto pape, quia lex dicit quod leges imperatorum non dedignantur sacros canones imitari, ut dicitur in corpore Autenticorum [93].

Ulterius dicit iste homo quod Constantinus imperator Romam et alia que dedit ad imperium pertinentia, dare non potuit. Quod sic probat. Nemini licet facere per officium sibi deputatum quod est contra illud officium. Sed contra officium imperatori deputatum est scindere imperium. Sed si illa donatio per Costantinum facta valeret, scissum esset imperium, immo etiam posset adnihilari, quia sicut dedit unam partem, ita posset dare aliam et aliam et omnes.

Hic primo quero ab isto homine, cuius tunc erat imperium. Responderet, ut credo, per alia eius dicta, quod erat populi romani. Ergo per populum romanum fuit Constantino imperium deputatum. Et si Constantinus solus non potuit dare, ipse tamen cum toto populo et cum toto senatu et cum omnibus satrapis et omnibus illis ad quos pertinebat dedit ecclesie, et dare iuste potuit illud quod dedit, vel potius renuntiavit his que iniuste possederat. Nam secundum beatum Augustinum, lib. Confess. quidquid est a vero Deo, iniuste possidetur, deserto illo. Ipse vero verum Deum deseruerat cum toto populo, et quantum ad fidem et quantum ad cultum Deo debitum, et quidquid vero Deo debebant totum demonibus offerebant. Quidquid vero sibi retinuit, concessit ei summus pontifex vicarius Iesu Christi, ut ipse imperator contra hereticos et schismaticos esset advocatus ecclesie ac defensor, ut dicit decretalis, Extra: De electione « Venerabilem ». Nec propter hoc imperium esset scissum nec adnihilatum, quia unitum et integrum remaneret in generali vicario Iesu Christi, ut ex supra dictis clare patet [94].

Dopo due argomenti di poco conto, uno sulla capacità della Chiesa di amministrare beni terreni, l'altro sul fatto che l'impero esisteva prima della fondazione della Chiesa, e quindi non poteva dipendere da questa, si giunge all'ultimo argomento, quello in cui Dante afferma che l'uomo ha due fini, al primo dei quali giunge con le virtù morali naturali, al secondo con la grazia divina. Il Vernani ribatte che tutto deve essere sottoposto al fine più alto, e che quindi tutto deve essere indirizzato al « summum bonum », la beatitudine eterna.

In questo modo termina l'opera del Vernani. Come ho detto già

---

[93] *Op. cit.*, p. 112-113.
[94] *Op. cit.*, p. 113-114.

prima, l'una o l'altra sconfitta da Dante riportata (per tropo fiducioso rifugio nell'ideale) sul piano del freddo ragionamento non intaccano per nulla la grandezza della sua figura, anzi, contribuiscono a manifestarla ai nostri occhi.

Il trattato di fra Guido, privo di originalità, pieno invece di astio e di rancore, ha probabilmente un solo merito: quello di farci vedere qual era il clima culturale negli anni immediatamente seguenti la morte del Poeta.

EDOARDO FUMAGALLI

Settore mistico

« VISIO IN SOMNIIS » E MISTICISMO ARCHETIPICO

Il tracciato entro cui suol verificarsi il fenomeno mistico abitualmente inteso è stato ben circoscritto dallo stesso Dante in *Par.* XXVIII:

> Quinci si può veder come si fonda
> l'esser beato nell'atto che vede
> non in quel ch'ama, che poscia seconda [1].

Tra l'istanza tomista de « l'atto che vede » (misticismo intuitivo) e quella bonaventuriana de « l'atto che ama » (misticismo affettivo) Dante, sul piano delle gerarchie valide come dati definitori, non esita a pronunciarsi per la prima, ferma restando però l'intensità di partecipazione con cui accetterà le stesse mozioni affettive.

Senonché, egli, mentre eredita la più centrale tradizione letteraria all'uopo invocabile, si affaccia su prospettive notevolmente distanti da quelle riassuntesi nei versi ora riportati, sì da lasciarsi difficilmente esaurire nel perimetro mistico italiano [2] ch'è poi quello cui più si confà il tracciato qui apparsoci.

---

[1] *Par.* XXVIII, vv. 109-111. Su questo articolarsi del fenomeno mistico è ben preciso E. GARDNER nel suo *Dante and the mystics. A study of the mistical aspect of the « Divina Commedia » and its relations with some medieval sources.*, Londra 1913.

[2] Un posto a parte merita l'opera della Beata Angela da Foligno la quale si richiama piuttosto a questo indirizzo intellettivo, ma ponendosi come « cerniera » tra la speculazione ducentesca ed il fervore trecentesco. Infatti la costruzione dottrinale del *Liber de vera fidelium experientia* rivela nella Beata una certa disposizione a superare l'aspetto affettivo di un misticismo contemplativo a favore di una personale conquista della mistica speculativa. La sua opera è il corrispettivo nella

In tal senso, del resto, riesce assai indicativa una delle opere cui si richiama il paragrafo ventottesimo dell'*Epistola a Cangrande*: il *De quantitate animae* di S. Agostino [3].

Che cos'è il fenomeno mistico alla luce del nucleo psicologico cui viene ridotta l'anima « quantizzata »? È senz'altro un rinnovato omaggio alla scelta poco fa trasmessaci da *Par.* XXVIII (l'omaggio, ripetiamo ancora, reso all'« atto che vede » e cioè al misticismo « intuitivo » più che a quello « affettivo »), ma tale omaggio si avvia verso piste geometriche particolarmente significative. Esse infatti, se da una parte coincidono con i « nomina Dei » cari alla tradizione classica (Dio-punto [4], Dio-linea, Dio-circolo, Dio-triangolo, ecc.), dall'altra già introducono al dato su cui dovrà far piena luce la psicologia moderna. È, infatti, proprio sul sistematico « quantizzarsi », o, se vogliamo, « geometrizzarsi » della stessa anima, che vanno a proiettarsi queste possibili « quantizzazioni » o « geometrizzazioni » di Dio. Da tale apporto agostiniano agli odierni ricami di C. G. Jung [5] il passo è piuttosto breve.

Con lo schiudersi di questa ben diversa prospettiva mistica non tarda anche a precisarsi tutto un nuovo mondo fenomenologico

---

nostra letteratura delle *Revelationes* di alcune mistiche nordiche e, diciamo pure, del *Castillo Interior* di S. Teresa di Gesù. Essa mostra una esperienza mistica completamente disumanizzata, in quanto esiste un distacco personale verso tutto ciò che è umano nel senso comune del termine.

[3] È il trattato cui Dante ci richiama unitamente al *De consideratione* di S. Bernardo e al *De Contemplatione* di Riccardo da S. Vittore. Si tratta di tre trattati che, messi insieme e confrontati tra di loro, non stentano a rivelarci l'interiore geografia che li lega. Riccardo ci dà il fenomeno mistico colto soprattutto nel suo lato affettivo, S. Agostino ce ne illustra gli interni riverberi afferrabili in termini geometrici, S. Bernardo ben esemplifica il moto operativo verso cui la fruizione mistica deve tendere. Per un più vasto arco di consonanze tra Dante e il misticismo medievale cfr. G. PETROCCHI, *Ascesi e mistica trecentesca*, Casa Ed. F. Le Monnier, Firenze 1957.

[4] La miglior prova di quanto qui sopra asserito si lascia reperire nell'apparato figurale contemplabile nelle pagine seguenti (Cfr., tav. 14). Piuttosto facile, comunque, è il dare i precisi riferimenti bibliografici concernenti, nel *De quantitate animae*, i singoli dettagli specificati nel testo. Vedasi per l'emblematicità del « punto » il cap. XII (« Puncti potentia »), per quella della « linea » il cap. IV (« Longitudo mera et simplex »), per quella del « triangolo » il cap. IX (« quae figura praestantior. In triangulo quid angulo contrarietur ») e soprattutto quella del « cerchio », al cui proposito ci è già dato ritrovare espressioni pienamente conformi all'entusiasmo con cui poi questa medesima figura verrà guardata da Dante: « ... si figurarum omnium planarum illa optima est quae circulo effingitur, in qua ratio docuit nichil melius esse puncto atque potentius... ». *P.L.* 32, col. 1048.

[5] Basterà pensare a *Psicologia e religione*, Ed. Comunità, Milano 1966, da vedere soprattutto nel III saggio, « Storia e psicologia di un simbolo naturale », pp. 95-156.

del quale non si è tenuto forse sufficientemente conto nella pur rigogliosa [6] letteratura mistica fiorita a proposito di Dante.

Non ci sembra di essere troppo severi verso questa letteratura vedendola per lo più bilanciata fra i puri riverberi del misticismo affettivo e quelli di un misticismo intuitivo erroneamente dirottato verso la « visio Dei per essentiam » [7] o, con linguaggio analogo, « visio facialis ». Nessun sospetto si è per lo più avuto sul fatto che la beatitudine intuitiva di Dante si è realizzata non tanto in un dato *oggettivo* (il Dio direttamente « contemplato ») quanto in un dato *soggettivo*: il Dio « sperimentato », cioè, nel suo sistematico commisurarsi sulle « imagines » percepibili nel nostro interno attraverso la nostra anima « quantizzata » e « geometrizzata » o, meglio, « archetipizzata », come ci suggerisce un vocabolario che, oltre ad essere più tecnico, è anche più adeguato al vero giuoco dei fantasmi d'inconscio passibili di « travagliamento » [8] divino.

L'Ildegarde di cui ora passiamo ad occuparci sarà essenzialmente un caso di Dio (e precedentemente di anima) « geometrizzato » con particolare preferenza per i simboli circolari. Matilde di Hackeborn, invece, pur indulgendo lei pure al geometrismo (si pensi al tema del « fiume » ch'è tipico ossequio al Dio-« lunghezza » poi destinata a diventare « tonda », come ci suggerirebbe Dante) ama spaziare in più vasti simbolismi archetipici: la « montagna » (quale visualizzazione del nostro anelito religioso), il « giardino, i sottosuoli di musicalità », ecc.

a) Esemplificazione attraverso Ildegarde di Bingen.

Prima di entrare in argomento non sarà male soffermarci su alcuni dettagli d'indole biobibliografica.

---

[6] Di questa « letteratura » ricorderò, oltre al contributo di G. Petrocchi segnalato nella n. 3, i felici raffronti praticati recentemente (soprattutto con il misticismo italiano) da V. Branca, *Poetica del rinnovamento e tradizione agiografica nella « Vita Nuova »*, in « Miscellanea in onore di Italo Siciliano », Firenze, L. S. Olschki, 1965, vol. I, pp. 123-148 e *La Vita Nuova* in « Cultura e scuola », 13-14, pp. 690-697.

[7] Su tal punto rinviamo a quanto qui appresso verrà meglio documentato da E. Guidubaldi, pp. 320 sg.

[8] Ci richiamiamo al « Contributo collettivo », pp. 253 sg.

Ildegarde di Bingen fu anima essenzialmente mistica, chiamata per la sua importanza la « profetessa della Germania » [9]. Nacque dalla nobile famiglia Vermersheim a Bermersheim (provincia di Rheimhessem) nel 1108 e morì a Bingen il 17 settembre 1179. A tre anni cominciò a godere di visioni celesti, a otto fu affidata alla direzione di Jutta di Spondheim, che presso l'abbazia di Disiborderng accoglieva le fanciulle nobili per prepararle alla vita monastica. A quindici anni prese l'abito benedettino. Alla morte di Jutta (1136) accettò la direzione della piccola comunità, che poi, tra il 1147 e il 1150, trasportò nel monastero da lei fondato a Bingen. Nel 1165 fondò una filiale ad Eibingen presso Riidesheim. La sua vita fu estremamente attiva, anche se la sua salute era molto cagionevole. Si prodigò moltissimo per il bene della chiesa e del clero.

Altamente rivelatore a questo proposito è l'ampio epistolario raccolto nella *Patrologia Latina* del Migne [10] e negli *Acta Sanctorum* [11] dove si trovano lettere molto importanti, indirizzate ai più famosi personaggi del tempo: Papi, ecclesiastici, politici [12]. Sono lettere in cui Ildegarde non si prodiga certo in esaltazioni e lodi, ma sprona, esorta, suggerisce il meglio da compiersi. L'unica lettera che si diversifica, è quella indirizzata a S. Bernardo dell'anno 1148. Essa è tutta piena di ammirazione, incitamenti rivolti al santo, con un crescendo di lodi che culminano nell'entusiastico « Tu autem aquila es aspiciens in sole » o altrove: « ...Et victor in anima tua es, non tantum te ipsum solum, sed etiam alios homines in salvatione erigens » [13].

La stessa morte d'Ildegarde viene ricordata come evento non privo di una certa cornice miracolosa. Si narra, infatti, che in cielo furono visti apparire due archi luminosi con una croce « rutilans » fra essi; e che due uomini, malati da molto tempo, dopo aver toccato il sepolcro della santa, guarirono [14].

---

9 È tema che troviamo ben trattato dal noto medievalista M. Grabmann, nell'opera leggibile anche in edizione italiana *L'influsso di Alberto Magno sulla vita intellettuale del Medioevo*, Tip. Miss. Domenicana, Roma 1931.

10 Migne, *Patrologia Latina*, Tomo 197, pp. 147-389.

11 *Acta Sanctorum*, Tomo 5, Septembris, p. 636 sgg.

12 Non si dimentichi che tra le personalità politiche rivoltesi per consiglio a Ildegarde di Bingen ci fu lo stesso Federico Barbarossa.

13 *Acta Sanctorum*; ibidem.

14 Ibidem.

Senza dubbio ci troviamo di fronte ad una persona di doti eccezionali, caratterizzata da un profondo ardore mistico che si risolve in lei in visioni a volte inquietanti, che spesso cercano di dare una possibile spiegazione ai problemi teologici del tempo.

È abbastanza importante notare che Ildegarde non aveva assolutamente una profonda cultura di ordine teologico ed intellettuale. Pertanto mi sembra che soprattutto debba essere presa in considerazione proprio in base alla sua più schietta personalità, davvero eccezionale, come d'altronde era considerata anche a quei tempi, tanto da far suscitare seri problemi per la canonizzazione [15].

Nella sua vasta produzione ricorderò il *Liber vitae meritorum* (1159-64) intorno alla vita virtuosa e il *Liber divinorum operum* (1164-70) in cui dalle cose naturali ricava simboli ed espressioni delle spirituali. L'opera principale è *Liber Scivias* (1141-51) [16], in cui tratta delle sue visioni.

* * *

Per quanto riguarda i concreti raffronti effettuabili con Dante sul piano del dettato poetico ha già pensato H. Ostlender [17] a sgombrare il cammino da certi accostamenti già praticatisi in antecedenza ma, in effetti, assai poco validi sul piano d'un nesso derivazionistico realmente sostenibile; come, ad esempio, l'analogia fissata da G. Parma tra un passo del *Liber Divinorum operum* e lo sguardo del mondo descrittoci dal XXII canto del *Paradiso*.

Giudizio effettivamente analogo meritano pure altri spunti già messi in secondo ordine dall'Ostlender, quali, ad esempio, il simbolismo dei troni e dei gradi da Ildegarde resoci in *Scivias* 3, XI e da Dante in *Purg.* IX o il famelico lupo « di brame carco » [18] (diremmo

---

[15] *Analecta Bollandiana*, 2.

[16] È appena il caso di ricordare come il titolo del libro risulti dalla contrazione di « Scito vias lucis ».

[17] H. Ostlender, *Dante und Hildegard von Bingen*, in « Deutsches Dante - Jahrbuch », 27, 1948, p. 166 e sgg. Vedasene anche la menzione fatta da E. Curtius, *Europäische Literatur und Lateinisches Mittelalter*, Francke Verlag, Bern, sec. ed. 1954.

[18] Questi sono i termini del possibile accostamento fra il « Alia vero ut lupus griseus » di Sant'Ildegarda (libro III, visione 11) e i due passi di Dante ricordati nel testo: *Inf. I*, vv. 49-51 (« Una lupa, che di tutte brame — sembrava carca nella sua magrezza, — e molte genti fé già viver grame ») e *Inf.* XX, vv. 10-12 (« Male-

proprio con Dante) di *Scivias* 3, XI spontaneamente accostabile a *Inf.* I, vv. 100-111 e *Inf.* XX, vv. 10-12. Non molto dissimile, però, è a mio avviso il giudizio che è lecito dare sugli stessi accostamenti per i quali sembra invece piuttosto disponibile lo stesso Hostlender.

Mi riferisco alle coincidenze da lui fissate in fatto di Trinità con figura umana emergente all'interno dei cerchi o in fatto di faville vive, come pure (anche se qui è già lui stesso assai meno entusiasta) in fatto di cori angelici roteanti attorno a Dio.

Gioverà, comunque, soffermarsi prima su questi punti in un diretto confronto con gli analoghi spunti danteschi, sin d'ora guardando però al rapporto d'autonomia cui sarà possibile approdare in forza di quel comune patrimonio che è l'« inconscio collettivo ».

Il passo cui lo stesso H. Ostlender ci richiama per il primo punto (la visione della Trinità e del Cristo-uomo) è il seguente:

Vidi splendidissimam lucem et in ipsa sapphirini coloris speciem hominis quae tota suavissimo rutilante igne flagrabat, et illa splendida lux perfudit universum illum rutilantem ignem, et ille rutilans ignis totam illam splendentem lucem, et illa splendidissima lux et rutilans ignis totam hominis speciem, unum lumen una virtute et potentia existentes. Et iterum audivi viventem illam lucem mihi dicentem: hic est sensus mysterium Dei, ut discrete cernatur et intelligantur quae sit plenitudo illa quae sine ortu est et cui nihil deest, quae potentissima virtute plantavit omnes rivulos fortium... Quapropter vides splendidissimam lucem quae sine ortu est, et cui nihil deesse potest; quae designat Patrem, et in ipsa sapphirini coloris specie hominis sine omni macula imperfectionis invidiae et iniquitatis declarat Filium, ante tempora secundum divinitatem a Patre genitum, sed post in tempore secundum humanitatem in mundo icarnatum. Quae tota suavissimo rutilante igne flagrat, qui ignis sine tactu ullius aidae et tenebrosa mortalitatis demonstrat Spiritum sanctum de quo idem unigenitus Dei secundum carnem conceptus et de Virgine temporaliter natus, lumen verae claritatis mundo infundit. Sed quod illa splendida lux perfundit universum illum rutilantem ignem, et ille rutilans ignis totam illam splendentem lucem ac splendida lux rutilans ignis totam speciem hominis, lumen unum in una virtute et potestate existentes: hoc est quia Pater qui summa aequitas, sed non sine Filio nec Spiritu Sancto

---

detta sie tu, antica lupa, — che più di tutte l'altre bestie hai preda, — per la tua fame senza fine cupa! »). Ferma restando la validità del riscontro figurale è, però, assai facile individuare, ad un esame più ampio del contesto, le profonde differenze che esistono.

est, et Spiritus sanctus qui accensor cordium fidelium, sed non sine Patre et Filio, et Filius qui est plenitudo virtutis, sed non sine Patre et Spiritu sancto, in majestate divinitatis inseparabiles sunt, quoniam Pater non est sine Filio, nec Filius sine Patre, nec Pater et Filius sine Spiritu Sancto, nec Spiritus Sanctus sine ipsis, et hae tres personae Deus unus in una integra divinitate majestatis existunt; et unitas divinitatis in eisdem tribus personis inseparabilis vigens, quia divinitas scindi non potest, sed ipsa absque ulla mutabilitate inviolabilis semper manet [19].

Non c'è bisogno d'addentrarsi troppo nell'analisi dei dettagli (sia figurali che coloristici) di questo brano per subito avvertire particolari effettivamente atti a suffragare il possibile nesso derivazionistico suggerito dall'Ostlender.

Sensazione analoga sperimenteremo nel contemplare il felice andirivieni delle « faville vive » descrittoci dal passo seguente:

Vidi etiam tunc de secreto sedentis in throno stellam magnam, plurimi splendoris ac decoris prodeuntem, et cum ea plurimam *candentium scintillarum multitudinem*, quae cum stella illa omnes eductae ad austrum, inspiciebant sedentem in throno quasi alienum, seque ab eo overtentes magis inhiabant ad aquilonem quam lumen inspicere vellent. Splendorem autem illum magnum qui eis abstractus est, vidi subito in earum exstinctione reverti ad ipsum sedentem in throno [20].

Il terzo passo che pure si presta ad un facile raffronto (qui, ovviamente, dirottabile sull'analoga insistenza di Dante nel descriverci in *Par.* XXVIII le gerarchie angeliche) ci pone a confronto con la sesta visione del *Liber primus*; e sarà bene, pur trattandosi di brano notevolmente lungo, scorrercelo per intero onde poter meglio effettuare in nota il raffronto consentitoci da tavola riassuntiva di A. Pertusi [21].

Deinde vidi in altitudine coelestium secretorum duas acies supernorum spirituum multa claritate fulgentes, et qui in prima acie sunt velut pennas in pectoribus suis habent, et facies ut facies hominum in se prae-

---

[19] *Scivias* Libro II, Visione II, col. 449.

[20] *Op. cit.*, Libro III, Visione I, col. 565-566.

[21] A. Pertusi, *Cultura greco-bizantina nel tardo Medioevo nelle Venezie e i suoi echi in Dante*, leggibile nel volume miscellaneo « Dante e la cultura veneta », Firenze 1966, pp. 159-198. La tavola cui sopra si accenna è reperibile a p. 195 sotto il titolo di « Disposizione delle gerarchie angeliche dei cieli secondo i Padri e i Teologi medioevali fino ai tempi di Dante ».

tendunt, in quibus et vultus hominum quasi in pura aqua apparent; isti *angeli* sunt desideria profunditatis intellectus sui quasi pennas expandentes; non quod pennas ut aves habeant, sed quod voluntatem Dei in desideriis suis velociter perficiant... Unde et qui in alia acie sunt etiam in pectoribus suis quasi pennas habent, et facies ut facies hominum in se ostendunt, in quibus etiam imago Filii hominis velut in speculo fulget; sunt *arcangeli* etiam in desideriis intellectus sui voluntatem Dei contemplantes. Quod autem hae acies alias quinque acies secundum modum coronae cingunt... Unde qui in prima acie harum sunt, quasi facies hominum habent; quae *virtutes* sunt in corda *credentium* ascendentes. Qui autem secunda acie sunt, tantae claritatis existunt, quod eos intueri non potes; qui *potestates* sunt designantes quoniam serenitatem et pulchritudinem potestatis Dei, nulla imbecillitas mortalitatis apprehendere poterit, nec se ipsi similem facere, quia potestas Dei indeficiens est. Sed qui in tertia acie sunt, ut album marmor apparent et capita hominum habent, super quae faculae ardentes videntur; qui principatus sunt, praefigurantes quod ii qui ex dono Dei in saeculo principes hominum existunt... Unde etiam qui in quarta acie sunt facies ut facies hominum et pedes ut pedes hominum habentes in capitibus suis galeas gestant marmoreis tunicis induti; qui *dominationes* sunt. Sed qui in quinta acie sunt nullam formam hominum in se ostendentes velut aurora rubent; *throni* sunt. Quapropter et qui in prima acie illarum sunt, qui *cherubin* sunt, scientiam Dei significantes, in qua ipsi mysteria supernorum secretorum videntes desideria sua secundum voluntatem Dei explent; ita quod ipsi in profunditate scientiae suae purissimam perspiquitatem habentes. Sed qui in altera acie sunt, *seraphin* sunt significantes quod ut ipsi in amore Dei ardent maxima desideria visionis eius habentes: ardenter Deum diligunt, eumque toto desiderio amplectantur, ut ad gaudia illorum perveniant, quos tam fideliter imitantur. Sed hae acies omnes in omni genere musicalium sonorum mirificis modulationibus mirabilia resonant, quae Deus in beatis animabus operantur per quae Deum magnifice glorificantes [22].

In questo giro di plausibili consonanze segnalateci dall'Ostlender (previamente stato piuttosto severo, come abbiamo visto, nei confronti degli accostamenti praticati da altri) mi sia lecito inserirne

[22] *Scivias*, Libro I, Visione VI, col 437-440. Pur non dando alcun valore decisivo a quanto sto per rilevare, non mi sembra fuori di luogo confortare la tesi della non-dipendenza di Dante da Ildegarde, anche con la diversità di criterio da questi tenuto, rispetto ad Ildegarde, nell'elencare le gerarchie angeliche. Mentre, infatti, in Ildegarde abbiamo al quinto posto i « Principatus » e al settimo le « Virtutes », in Dante è esattamente il contrario. Volendo riscontrare, sulla già citata tavola sinottica di A. Pertusi, quale sia stato il criterio seguito, nel formulare il suo elenco, da Ildegarde, si stenta, realmente, ad individuare una qualsiasi disposizione analoga alla sua.

una all'Ostlender sfuggita, ma a mio modo di vedere assai ben sostenibile. Si tratta della ben più vasta confrontabilità che il tema della contemplazione cosmica riceve, se ci si premura di impegnare diversamente lo spunto del *Liber divinorum operum* che già il Parma ha applicato a Dante, ma commisurandolo sul solo dettaglio di *Par.* XXII anziché sull'intera struttura dell'universo dantesco.

Che il motivo della circolarità abbia sempre saputo offrire fertili suggestioni a questa santa è dato che emerge da riprove infinite, quali, ad esempio, quella attingibile da questa visione di *Scivias* lib. III:

Et de ipso lucido sedente in throno protendebant magnus circulus aurei coloris ut aurora (cuius amplitudinem nullo modo comprenhendere potui) gyrans ab oriente ad septentriones et ad occidentem atque ad meridionem, ita se reflectens ad orientem ad ipsum lucidum nec ullum habens finem. Et circulus ille erat a terra tantae altitudinis, ut eam comprehendere non possem, ex se reddens splendorem valde terribilem, scilicet lapidei, calibei, igneique coloris... [23].

Ciò però non toglie che si possa rimanere felicemente sorpresi di fronte ai riverberi cosmici che il tema circolo (così caro, del resto, allo stesso Dante del *Convivio*) [24] sa suscitare in questo passo del *Liber divinorum operum* focalizzato nel suggestivo moltiplicarsi dei « circuli » attorno all'iniziale « rota mirificae visionis ».

Deinde in pectore praefatae imaginis, quam velut in medio australis aeris conspexeram, ut praedictum est, rota mirificae visionis apparuit, ita ut in eius summa parte per circuitum rotunditatis suae circulus in similitudini lucidi ignis, et sub illo circulo alius sicut ripetizione circuli nigri ignis demonstraretur, ubi et idem circulus lucidi ignis eundem circulum nigri ignis bis densitate sua superabant. Et hi duo circuli quasi unus circulo essent sibi invicem conjungebantur. Sub eodem autem circulo nigri ignis, alius circulus in similitudine puri aetheris erat, ubique tantae densitatis quantae circuli duorum praefatorum ignium apparebant. Sed sub ipso circulo puri aetheris alius velut circulus acuosi aeria tantae densitatis manifestabantur. Et sub eodem circulo aquosi scilicet aeris, alius circulus quasi fortis et albi lucidique aeris huius similitudinis in rigore suo existens, ut nervus in corporis homine est, ostendebatur, ubique in circuiti suo eiusdem densitatis, cuius densitas, circuli praefati nigri apparens. Hi quoque duo

---

[23] *Op. cit.* Libro III, Visione I col. 565.
[24] *Convivio*, tr. 2,13-14.

circuli sibi invicem ita copulabantur, ut velut unus circulus essent, apparent. Omnes vero isti sex circuli absque omni interstitio ad invicem conjucti erant. *In medio* quoque rotae istius *imago hominis* apparebat, cuius, vertex superius et plantae subterius ad praefatum circulum, velut fortis et albi lucidique aeris pertingebant. A dextro autem latere summitas digitorum dexterae manus eius; a sinistro quoque summitas digitorum sinistrae manus ad ipsum circulum hinc et hinc in rotunditate designatum porrecta erat, quoniam eadem imago brachia sua sic extenderat. Sed et versus easdem partes quattuor capita, scilicet quasi caput leopardi et lupi, ac velut caput leonis et ursi apparebant, quia in quattuor partibus mundi quattuor principales venti sunt, non tamen sic in formis suis existentes, sed in viribus suis naturam denominatarum bestiarum imitantes [25].

Senonché una volta giunti al vertice contemplativo significatoci da questa visione, il risultato che ne ricaviamo è, sì, di accentuata somiglianza, ma in pari tempo rappresenta anche un'accentuata spia ai sensi sui quali mi sembra di poter insistere onde annullare completamente le stesse possibilità derivazionistiche per le quali si rivela disponibile l'Ostlender.

Niente vieta, d'accordo, di pensare ad un avvenuto incontro di Dante con le opere di S. Ildegarde; e in ciò ci confortano anche certi dati di biblioteca segnalatici da Ch.T. Davis [26]. Sta però il fatto che quanto abitualmente prospettatoci dalle visioni di S. Ildegarde percorre in maniera mai interrotta quanto di più centrale c'è nello scatto del dinamismo inconscio misticamente attivato. Siamo (soprattutto con l'ultimo brano qui riportato) nel puro regno dei « mandala », tali riscontrabili nel medicevo germanico come in quello italiano, anche se qui da noi assai più raro è realmente stato un simile tipo di misticismo; tali, per di più, reperibili in Europa come anche in Asia, oggi come nel Medioevo, quando si è trattato o si tratta di attivismo inconscio veramente genuino. Di qui l'assai più plausibile tendenza a ravvisare anche in Dante (e quindi come suo patrimonio personale anziché come dato derivazionistico) uno scatto d'interiorità del tutto simile a quelle reperibile in S. Ildegarde.

MARIANGELA CALIGARA

---

[25] *Liber divinorum operum*, Libro I, Visione II.

[26] Intendo richiamarmi al saggio di CH. T. DAVIS, *The Early collection of book of St. Croce in Florence* (« Proceedings of the American Philosophical Society », vol. 107, n. 5 ottobre 1963) dove, tra le preziose segnalazioni offerteci dal Davis, troviamo anche qualche traccia concernente opere di Ildegarde.

b) Esemplificazione attraverso Matilde di Hackeborn.

Rinviando in nota alcuni dettagli concernenti la vita [27] di Matilde di Hackeborn e la conoscenza che di lei si poteva avere in Italia ai tempi di Dante, farò invece subito il punto sui raffronti praticatisi fra le sue *Revelationes* e il Poema Sacro.

È appena necessario, anzitutto, tener presente l'incitamento che a tali raffronti proveniva dallo stesso nome della Santa di cui ci stiamo occupando: Matelda [28], spontaneamente portata a proiettarsi sulla figura che centralizza le attenzioni del Dante ormai vicino alla riscoperta di Beatrice. Al D'Ovidio [29], primo esegeta da ricordare a proposito di tale raffronti, giungiamo proprio, come subito vedremo, attraverso questa accettata coincidenza tra Matilde di Hackeborn e la Matelda dantesca.

Egli esamina le visioni di Matilde di Hackeborn ed i suoi molteplici riscontri con la *Commedia*, insistendo soprattutto su quelli che hanno potuto maggiormente contribuire al nascere della concezione dantesca delle pene purgatoriali e, prima ancora, della stessa struttura a montagna con sette balze coronate dal paradiso terrestre [30]. Il problema delle numerose analogie viene dall'Autore risolto con

---

[27] Matilde di Hackeborn nacque nel 1241. Aveva sette anni quando accompagnò sua madre al monastero di Rodarsdorf, presso Halberstadt, dove sua sorella Gertrude, maggiore di lei di nove anni, era monaca. Ispirata dalla Grazia, ella chiese ed ottenne di restare fra le suore, e dieci anni più tardi seguì sua sorella ad Helfta, in Sassonia, dove Gertrude, divenuta badessa, installò la comunità in un castello di famiglia. Matilde si distinse ben presto per la sua umiltà, il suo fervore, e divenne collaboratrice della sorella, che sembra le affidasse la scuola di canto e l'educandato; fu proprio a lei che venne affidata quella che sarebbe divenuta più tardi S. Gertrude la grande. L'umiltà della Santa cooperò a mantenere nel segreto le visioni da lei avute fino al cinquantesimo anno d'età, quando una grave malattia (1291) la spinse a confidarle a due consorelle, che le misero per iscritto a sua insaputa; una di queste monache, cui dobbiamo questo lavoro, fu S. Gertrude stessa. La Santa non si ristabilì più dalla sua malattia, e restò in uno stato di grande debolezza fino al momento della morte avvenuta due anni più tardi nel 1298.

[28] I contatti di seminario con i miei colleghi impegnatisi nel settore esegetico mi invitano a rievocare il caso di Benvenuto da Imola, che già sulla figura di Lia (a livello cioè di *Purg.* XXVII) va a proiettare i riverberi d'una delle Matilde che più hanno totalizzato le attenzioni degli esegeti impegnatisi nel decifrare l'enigmatica figura di *Purg.* XXVIII.

[29] F. D'Ovidio, *Il Purgatorio e il suo Preludio*, Milano, Hoepli 1906, pp. 486 sgg.

[30] *Op. cit.*, p. 310 sgg.

l'attribuzione di un nesso derivazionistico tra Dante e la mistica; le *Revelationes* di Matilde costituirebbero un fondatissimo « precedente » del poema dantesco. Le prove portate dal D'Ovidio per suffragare tale affermazione, se analizzate attentamente, non sono per niente incontrovertibili, tant'è vero che immediatamente destarono le perplessità di un altro studioso, il Busnelli [31]. Il D'Ovidio costruisce la sua tesi sulla possibilità, probabilmente avuta da Dante, di conoscere direttamente il testo delle *Revelationes* [32], e a riprova di questa conoscibilità elenca alcuni segni della notorietà della Santa germanica in Italia nella prima metà del 300 [33]. Più urgente, però, è già per lui la riprova che deriva dall'immediato confronto fra la nota « visio » registrataci dal cap. XIII della I° parte e gli spunti sui quali più si basa la rivoluzionaria [34] inventività del *Purgatorio* dantesco.

Non molto dissimili sono le riflessioni dedicate a Matilde di Hackeborn da E. Gardner in un fondamentale capitolo del suo *Dante and mystics* [35], dove però un particolare s'impone subito alla nostra attenzione: lo sdoppiamento di personaggio cui il Gardner procede, occupandosi simultaneamente sia della Matilde d'Hackeborn, che dell'omonima di Magdeburgo. Con ciò, naturalmente, s'allarga lo stesso ambito bibliografico che funge da oggetto di riscontro. Matilde di Hackeborn offrirà come zona di raffronto il *Liber specialis gratiae.* Matilde di Magdeburgo imporrà invece, e con un gioco di raffronti sempre plausibili, il suo *Lux Divinitatis fluens in corde veritatis* [36].

---

[31] G. Busnelli, *La concezione del purgatorio dantesco secondo F. D'Ovidio,* in *La concezione del purgatorio dantesco,* Roma, « La civiltà cattolica », 1906, p. 69 sgg.

[32] Gioverà qui congiungersi nuovamente con quanto già illustrato alla nota 9.

[33] Per quanto concerne la notorietà in Italia di S. Matilde, pare che all'epoca di Dante questa fosse nota, come proverebbe anche l'accenno fatto dal Boccaccio in *Decameron,* giornata settima, novella prima: « ... il lamento di S. Bernardo e la lauda di donna Matelda e cotali altri ciancioni... ». Nell'edizione a cura di V. Branca, Firenze, Le Monnier, vol. II, p. 202, 1952, si precisa, però, che la « donna Matelda » di cui qui si parla è Matilde di Magdeburg (o di Hackeborn).

[34] Un solo dettaglio ricordato anche nel testo (la struttura a montagna ubicata in mezzo al mare) è già più che sufficiente per darci una chiara idea di questa « rivoluzionaria inventività ».

[35] *Op. cit.* (cfr. nota 1) cap. VIII « Dante and the two Mechtilds » pp. 265-297.

[36] *Sororis Mechtildis Lux Divinitatis fluens in corda Veritatis,* in vol. II dell'edizione che tra poco verrà ricordata nel testo a proposito del *Liber Specialis Gratiae* di Matilde di Hackeborn.

Di qui, ancora, un ulteriore allargarsi di questo campo d'osservazione. Lo schema-Hackeborn finirà col coincidere in gran parte con gli spunti sui quali si era già soffermato il D'Ovidio; lo schema-Magdeburgo sarà invece un accostamento prevalentemente stilato in chiave luministica.

Qui guarderemo esclusivamente alla Matilde di Hackeborn per la possibilità che in tal maniera ci si schiude d'un raffronto condotto su piste totalmente differenti da quelle contemplate attraverso Ildegarde di Bingen.

Vediamone gli esatti termini, previe scuse per il tipo di citazione (in francese [37], anziché in latino) cui mi costringe l'assoluta irreperibilità, almeno qui in Milano, del *Sanctae Mechtildis liber specialis gratiae, accedit Sororis Mechtildis Lux Divinitatis*, edito dalle Benedettine di Solesmes, in *Revelationes Gertrudianae ac Mechtildianae*, vol. II, Parigi 1877.

Il primo dato con cui è inevitabile porsi a confronto è costituito dalla nota visione registrataci dal cap. XIII della I parte:

Alors le Seigneur lui montra une montagne élevée qui s'étendait de l'Orient à l'Occident, avec sept plateaux à gravir et sept fontaines. Il la prit avec lui et atteignit le premier plateau qui s'appelait: degré de l'humilité; il y avait là une fontaine, dont l'eau purifie l'âme de tous les péchés commis par orgueil. Ils montèrent au second plateau appelé degré de la douceur; ils y trouvérent la fontaine de patience, qui purifie l'âme des fautes contractées par la colère. Ils atteignirent le troisième degré qui est celui de l'amour, où coule la fontaine de charité dans laquelle l'âme peut se laver de tous les péchés enfantés par la haine. A ce degré, Dieu s'arrêta quelque temps avec cette âme; elle se prosterna aux pieds de Jésus; mais la douce voix du Christ résonna comme la symphonie d'un orgue elle disait: « *Léve-toi, mon amie, et montre-moi ton visage* » (Cant. II, 14) et tous les anges avee les saints, groupés au sommet de la montagne, chantèrent à l'unisson avec Dieu et en Dieu le doux épithalame de l'amour. Le chant était si doux, la modulation si suave que nulle langue humaine ne les peut répéter.

Delà ils s'élevèrent au quatrième plateau, appelé degré d'obéissance, où l'on trouve la fontaine de sainteté, qui purifie l'âme de toutes les fautes de désobéissance. Puis ils montèrent au cinquième, qui est le degré de la modération, où se voit la fontaine de libéralité, où l'âme se purifie

[37] *Le Livre de la Grace Speciale - Révélations de Sainte Mechtilde*, Nouvelle Edition, revue et corrigée - Maison Alfred Mame et fils, Paris, 1921.

des péchés qu'elle a commis par avarice quand elle usa des créatures sans avoir en vue la gloire de Dieu, ou son avancement personnel. Ils gravirent le sixième plateau, celui de la chasteté, où jaillit la fontaine de la divine pureté dont les eaux purifient l'âme des désirs charnels. Là, cette âme se vit, comme le Seigneur, revêtue d'une robe blanche. Enfin ils arrivèrent au septième degré, celui de la joie spirituelle; la fontaine s'appelle joie céleste, elle purifie de toutes les fautes commises par dégoût des choses spirituelles. Or, cette source ne jaillissait pas avec impétuosité comme toutes les autres; mais elle coulait lentement, goutte à goutte, parce que la joie céleste ne peut être goûtée pleinement par personne en cette vie; sur terre, on en reçoit une goutte qui n'est rien, pour ainsi dire, en comparaison de la réalité.

Après cette montée, le Bien-Aimé avec sa bien-aimée gravirent le sommet de la montagne où ils trouvèrent la multitude des anges, semblables à des oiseaux portant des clochettes d'or au son argentin. Sur la montagne elle-même, il y avait deux trônes magnifiques. Le premier était le siège de la souveraine et indivisible Trinité, d'où sortent quatre fleuves d'eau vive. Le premier fleuve désigne la divine Sagesse qui gouverne les saints, et leur fait en tout reconnaître et accomplir avec joie sa volonté; le second, la divine providence qui leur prépare tous les biens dont ils sont rassasiés dans l'éternelle liberté. Le troisième fleuve désigne la divine surabondance qui les enivre de tout ce qui est bon, à tel point que leurs désirs sont toujours surpassés par les richesses dont ils sont comblés; le quatrième enfin, figure les délices qui les font vivre en Dieu, dans la plénitude des joies enivrantes et sans fin, qu'ils goûteront dans ce lieu *où Dieu enlèvera toutes larmes de leurs yeux* (Apoc. VII, 17). Ce trône était surmonté d'un baldaquin en or chargé de pierres précieuses et de l'or le plus fin; son étendue recouvrait l'univers, il désignait la Divinité; c'était une oeuvre royale, faite en vérité pour le Roi des cieux. Ce baldaquin avait plusieurs pavillons, qui sont les demeures des saints: patriarches, prophètes, apôtres, martyrs, confesseurs, enfin tous les élus [38].

Tema di raffronti altrettanto fertile è costituito dal paradiso terrestre con tutti i dettagli letterari di cui esso è passibile.

Anzitutto abbiamo il fatto stesso della configurazione a giardino con l'immancabile concomitanza fluviale:

Elle y entra comme dans une vigne. Elle y vit un fleuve d'eau vive qui coulait de l'orient a l'occident; et sur les bords du fleuve douze arbres portant douze fruits... Ce cours d'eau avait nom: fleuve de l'amour. L'âme

---

[38] *Op. cit.* pp. 47-49. Il motivo della montagna ricorre, del resto, in altri passi delle *Revelationes*, quali: parte II, cap. V, p. 16, p. 22; cap. X, p. 36; parte II, cap. XXVIII, p. 205.

y entra, et fut lavée de toutes ces taches... il y avait aussi dans cette vigne une plantation de palmiers... [39].

Con il giardino panoramicamente considerato avremo subito dopo il suggestivo « primo piano » floreale:

Et aussitôt, il lui sembla se trouver dans un champ émaillé de roses, de lis, de violettes et de mille fleurs gracieuses [40].

Come pure avremo un piacevole accompagnamento di musiche:

Alors elle vit une harpe qui sortait du sein de Dieu. Cette harpe était le Seigneur Jesus... Jesus toucha la harpe et les anges firent entendre une mélodieuse harmonie... [41].

Il tutto verrà completato dalla presenza di figurazioni femminili perfettamente in linea (anche sul piano numerico, come deducibile pensando alle quattro virtù teologali di *Purg.* XXIX) con quello che lo stesso Dante ci farà contemplare nel proprio paradiso terrestre:

Elle aperçut aussi dans cette maison quatre vierges d'une grande beauté qu'elle reconnut pour être les vertus suivantes: l'humilité, la patience, la douceur et la charité [42].

Non occorrono molte parole per rilevare la facilità con cui tutti, immancabilmente, questi dettagli vanno a commisurarsi sulla cornice purgatoriale dantesca; né si tratta di spunti isolati nelle *Revelationes*, ma di motivi assai spesso ritornanti lungo lo sviluppo del racconto matildiano.

Dio vi è abitualmente visto come luce [43]; ricorrenti sono i simboli della quaternità [44], come già visto attraverso i quattro fiumi sgorganti dal trono della Trinità sulla montagna a sette piani. Numerosi

---

[39] *Op. cit.*, parte II, cap. II pp. 163-166. Tale passo è ricordato anche da J. ANCELET-MUSTACHE, *Mechtilde de Magdebourg*, Parigi, Champion, 1926, p. 369.

[40] *Op. cit.*, parte III, cap. XVI, pp. 256-258. Cfr. inoltre cap. L, p. 300.

[41] *Op. cit.*, parte II, cap. II, pp. 163-166. Cfr. pure: parte I, cap. XIX, p. 72; cap. XXI, p. 127.

[42] *Op cit.*, parte II, cap. XXI, pp. 188-189.

[43] Tra gli altri cfr. *op. cit.* parte I, cap. IV, p. 13; cap. V, p. 15; cap. V, p. 35; parte II, cap. LII, p. 224.

[44] Cfr. *op. cit.*, parte I, cap. XIII, p. 49.

sono pure i simboli purificali, e tale significato è per lo più attribuito alle acque limpide, brillanti e vive che formano fonti in cui l'anima si purifica o fiumi che sgorgano impetuosi [45]; né infrequente è il ritorno di melodie angeliche accompagnate dal suono di strumenti sacri, come già apparsoci attraverso la misteriosa « harpe qui sortait du sein de Dieu ».

Anche qui, però, una finale diagnosi non si distanzia minimamente da quella che M. Caligara ha potuto praticare con Ildegarde di Bingen. La « coincidenza » (e quindi l'anticipo nei confronti di Dante) ci sarà senz'altro; ma la sua giustificabilità non vincola affatto nel senso derivazionistico sostenuto dal D'Ovidio così come per niente vincolanti sono i nessi derivazionistici stabiliti contro il D'Ovidio dal Busnelli, o, in tempi a noi più vicini, da B. Nardi [46].

Con le analogie oggi fondabili (in base ai referti delle ultime conquiste psicologiche sui dati di inconscio collettivo) diviene assai più probante la giustificabilità appoggiabile a questo « denominatore comune »; grazie al quale è dato (pur nella più assoluta distanza di tempi e di spazi) esprimersi in maniera del tutto identica.

GIUSEPPINA BIFFI

---

[45] *Op. cit.*, parte I, cap. V, p. 15; cap. XXIV, p. 101; cap. XXXI, p. 131. Parte II, cap. II, p. 163; cap. XXVIII, p. 181; Cap. XXI, p. 188; cap. XXVIII, p. 205; cap. XXIX, p. 206.

[46] B. NARDI, *Intorno al sito del « Purgatorio » e al mito dantesco dell'Eden*, in « Il Giornale Dantesco », anno XXV, Ott.-Dic .1922. n. 4 pp. 289-300.

APPENDICI

PER UN APPROCCIO STRUTTURALISTA A DANTE*

I. Strutturalismo?

Un sistema non è costituito dalla somma delle parti, il senso del tutto è immanente a ognuno dei suoi elementi costitutivi: questa è l'intuizione prima dello strutturalismo. « È dal tutto solidale che bisogna partire per ottenere mediante l'analisi gli elementi che esso racchiude » (F. de Saussure). Il metodo strutturale mira a comprendere adeguatamente gli organismi complessi nella loro organicità originale, e secondo la rete di relazioni interne che ne definiscono la coerenza. Lo studio delle opere letterarie potrà dunque costituire uno dei campi privilegiati d'applicazione del metodo strutturale. Ma lo strutturalismo non è, come il marxismo, una ' visione del mondo ', né, come la psicoanalisi, una tecnica interpretativa basata su un insieme di nozioni pressoché invariabili. Nella sua definizione più generale, lo strutturalismo non è altro che una vigile disposizione a tener conto della interdipendenza e dell'interazione delle parti in seno al tutto. Donde la sua validità universale, che lo rende applicabile alla linguistica, all'economia, all'estetica, ecc.; ma donde anche la necessità di precisare il programma dell'analisi strutturale, attraverso la definizione, per ogni disciplina, se non per ogni oggetto particolare, di un metodo specifico, di un'efficace ermeneutica.

Ma vi è di più. Le strutture non sono cose inerti né oggetti stabili. Esse emergono a partire da una relazione instauratasi tra l'osservatore e l'oggetto; si destano in risposta a una domanda preliminare ed è in funzione di questa domanda posta alle opere che si stabilirà l'ordine di preferenza dei loro elementi decifrati. È al contatto con la mia interrogazione che le strutture si manifestano e si rendono sensibili, in un testo da molto tempo fissato sulla

* Quest'articolo rappresenta il punto di partenza per l'approccio strutturalista ad un testo poetico; è il tentativo di raccogliere e coordinare le poche osservazioni che fino ad ora la semiologia 'ufficiale' ha portato avanti. Con ciò pensiamo di scusarci della non completezza del nostro lavoro. La parte metodologica è stata curata da Francesco Casetti; l'aggancio esegetico con Dante è dovuto a Daniela Bertocchi.

pagina del libro. I diversi tipi di lettura scelgono e prelevano strutture ' preferenziali '. Non è indifferente che si interroghi un testo in qualità di storici, di sociologhi, di psicologhi, di stilisti, o semplicemente di amanti del bello. Giacché ognuno di questi modi di accostamento ha per effetto di mutare la configurazione del *tutto*, di esigere un nuovo contesto, di ritagliare altre frontiere all'interno delle quali regnerà una diversa legge di coerenza. Ci si accorge abbastanza presto che una stessa opera, a seconda della domanda posta, permetterà di prelevare più strutture ugualmente accoglibili, o ancora che quest'opera si definirà come una *parte* entro sistemi più vasti, che, superandola, l'inglobano. Qui non è lo strutturalismo che decide: al contrario, l'analisi strutturale non potrà che essere la conseguenza di una decisione preliminare, che fissi la scala e l'interesse della ricerca. Senza dubbio, l'aspirazione alla totalità ci spingerà a coordinare i risultati di queste diverse letture, a trattarli come gli elementi di una *grande struttura* che sarebbe il significato globale, il senso esaustivo. Tutto induce a credere che questa *grande struttura* costituisca un termine che non si lascia cogliere se non asintoticamente [1].

I, 1. Abbiamo voluto riportare questa citazione non perché ne condividiamo tutti i punti espressi, ma perché ci pare che, nella sua relativa brevità, allinei quelli che sono tuttora i problemi di chi voglia approfittare dello strutturalismo o di chi voglia dirsi strutturalista. Ci pare, insomma, un punto di partenza, non certo un punto d'arrivo. Proviamo ad elencarne qualcuno, di questi problemi, rinunciando a prospettare una soluzione.

I, 2. Già prima di Starobinski, Roland Barthes aveva definito l'*attività strutturalista* come un'operazione che consiste semplicemente nel prendere il reale, scomporlo, ricomporlo manifestandone le regole di funzionamento ed ottenendo così il *simulacro*, cioè « l'intelletto aggiunto all'oggetto ». Ma poi, lo stesso Barthes annota: « Il termine strutturalismo ha un senso molto più ristretto: a mio avviso esso designa ogni ricerca sistematica subordinata alla pertinenza semantica e ispirata dal modello linguistico » [2].

I, 3. Si devono perciò sottolineare tre concetti che riteniamo fondamentali:

a) *la pertinenza*: « Qualunque descrizione sarà accettabile se è coerente, cioè fatta da un *punto di vista determinato.* Una volta adottato questo punto di vista bisognerà tener presenti solo certi tratti, che chiameremo

---

[1] J. STAROBINSKI, in *Strutturalismo e critica* (Catalogo generale Casa Editrice Il Saggiatore), Milano 1965, pp. XIX, XX.

[2] R. BARTHES, in *Strutturalismo e critica, cit.*, p. LIV.

pertinenti; e tutti gli altri tratti, che non sono pertinenti, dovranno esser messi da parte senza esitazioni »[3].

b) *le opposizioni distintive*: i tratti pertinenti, scelti in base ad un punto di vista « strategico », si riconoscono e si distinguono in quanto si oppongono l'uno all'altro. « Nella lingua esistono solo differenze » aveva detto De Saussure: e questo dovrebbe valere per tutti i sistemi di segni.

c) *il modello costruito e/o trovato* deve essere *esaustivo*: deve cioè rendere conto di tutti i tratti pertinenti.

(Gli altri termini-chiave della ricerca semiologica, li diamo per scontati).

I, 4. *Strutturalismo ontologico o strutturalismo metodologico?*

Allo stato attuale della situazione, sembra possibile individuare schematicamente due fondamentali direttive proprie delle indagini strutturalistiche, e cioè quella secondo cui la struttura appartiene all'oggetto, alla realtà stessa su cui verte la ricerca, e quella secondo cui la struttura non appartiene all'oggetto, ma si attua piuttosto in un programma e in un'operazione metodologica degli investigatori di una singola materia[4].

I, 5. Esistono veramente tanti sistemi di ricerca quanti sono gli oggetti investigati o si può pensare ad una metodologia corretta ed unica? Esiste una *struttura delle strutture*, una *struttura originaria*, di cui le strutture particolari sono un riflesso coerente? E se esiste, con quale metodologia essa si può cogliere? Solo asintoticamente?

II. Il messaggio estetico.

II, 1. Se dobbiamo definire ciò che caratterizza il *messaggio estetico* e ciò che lo distingue da un qualsiasi altro messaggio vediamo che (molto schematicamente) entrano in gioco tre elementi:

a) *l'ambiguità*: il messaggio estetico è strutturato in modo ambiguo rispetto a quel sistema di attese nell'universo dei segni che è il codice. Secondo la teoria dell'informazione, perciò, possiamo dire che il messaggio dà molta « informazione » quanto più risulta inaspettato e dispone il destinatario a più scelte interpretative. Lo stesso *codice poetico* (cioè il sistema da cui l'autore trae i segni per il proprio messaggio estetico) risulta strutturato in modo ambiguo rispetto al codice della lingua parlata-quotidiana.

---

[3] A. Martinet, *Elementi di linguistica generale*, ed. Laterza, Bari, 1966, p. 36.

[4] M. Corti, in *Strutturalismo e critica, cit.*, p. XXVII. La questione è stata ampiamente dibattuta da Umberto Eco, *La struttura assente*, Bompiani, Milano, 1968, sez. D, capp. 2 e 3.

b) *l'autoriflessione*: il messaggio estetico, risultando ambiguo rispetto al proprio codice, costringe il destinatario a riflettere sui propri segni: questa funzione consiste nel « mettere in rilievo l'uso arbitrario del segno e nel liberare le unità (monemi, semantemi, sintagmi) dalle determinazioni esterne e dai processi di automatizzazione, di banalizzazione, a cui è sottoposto il sistema linguistico al livello della comunicazione comune » [5].

c) *l'idioletto estetico*: ogni messaggio estetico assume con ciò una struttura ed un codice suoi propri, riconoscibili sia nelle singole parti, sia nella totalità del messaggio [6].

II, 2. Avremo così una opposizione distintiva tra funzioni comunicativa/estetica.

Il messaggio comunicativo si struttura normalmente:

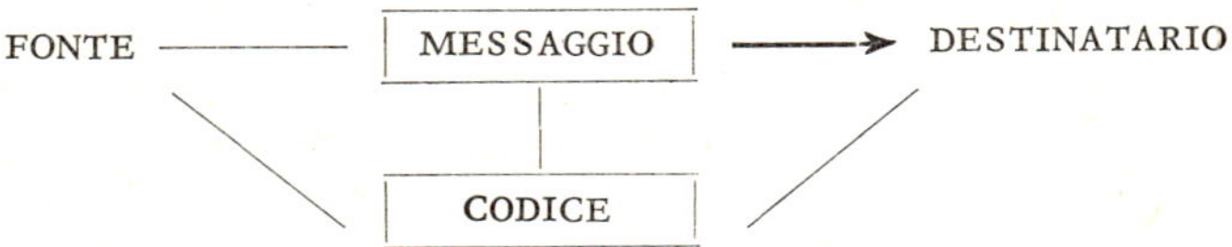

il messaggio estetico invece:

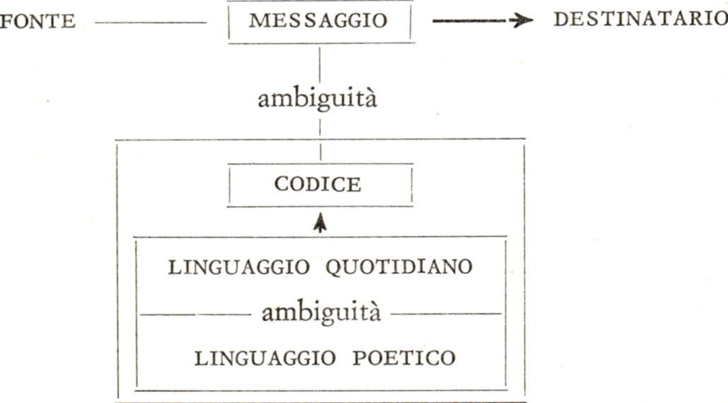

III. La decodificazione.

III, 1. Un testo è un sistema organizzato di segni; ora si tratta di capire, schedare, riorganizzare questi segni, si tratta in una parola di

[5] L. Rosiello, in *Strutturalismo e critica, cit.*, p. XLVI.

[6] Il concetto di *idioletto estetico* è stato ampiamente illustrato da U. Eco, *La struttura assente, cit,* passim.

decodificare il messaggio per coglierne il senso e la struttura. Come sistema di segni, dunque, il messaggio offre un senso letterale, la *denotazione*, ed una serie di sensi secondi, la *connotazione*. All'interno della denotazione si distinguono il *veicolo*, cioè il segno, in questo caso verbale, che fa da supporto alla *narrazione*.

III, 2. Trovandoci di fronte, in questo caso, ad un testo che è un sistema di segni *verbali*, diamo per scontata l'analisi del segno linguistico che la linguistica sussuriana e postsussuriana ha portato avanti, con i concetti di *significante, significato, significazione, valore, senso*. Si deve ancora notare come il linguaggio comporti due tipi di rapporti; ogni termine è il centro di una rete di rapporti con altri termini che non sono presenti, necessari tuttavia a definirne il valore, in quanto il termine è ' ciò che gli altri non sono ': questi rapporti ' in absentia ' verticali si dicono *sistematici o paradigmatici*. I rapporti sistematici, chiamati anche *opposizioni*, possono determinarsi naturalmente ai due livelli del segno: sul piano dell'espressione (dei significanti) avremo la *morfologia*, che studierà le forme e le somiglianze formali delle parole; sul piano del contenuto (dei significati) avremo la *semantica*, che classificherà le parole secondo *campi semantici*.

III, 3. Diamo qui di seguito tre possibili esempi [7] di rapporti sistematici (associativi, De Saussure):

esempio 1

Molti son li animali a cui s'	*ammoglia*	*Inf.* I, 100
bene è che senza termine si	doglia	*Par.* XV, 10
e frutta sempre e mai non perde	foglia	*Par.* XVIII, 30
che mai non empie la bramosa	voglia	*Inf.* I, 98
	. . .	

esempio 2

	molti	son li animali a cui s'ammoglia	*Inf.* I, 100
che passa i	monti	, e rompe i muri e l'armi	*Inf.* XVII, 2
e se son	morti	, per qual privilegio	*Inf.* XXIII, 89
e	vòlti	a destra su per la sua scheggia	*Inf.* XVIII, 71
	. . .		

[7] Gli esempi, tratti da *Inf.*, canto I, non vogliono essere null'altro che un

esempio 3

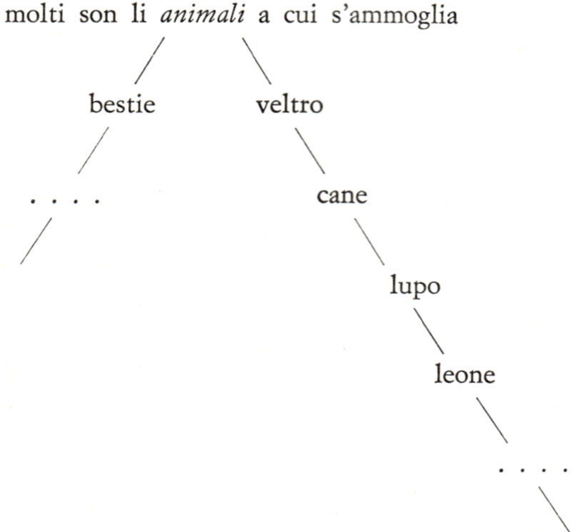

III, 4. In genere ogni parola ha un nucleo resistente di significato, ma può essere in parte modificata dal contesto. Sarà allora interessante determinare l'influenza del contesto sui significati delle parole (senza peraltro ritenere che una parola esista solo in virtù dell'uso o del contesto).

esempio 4: il ruolo del contesto

Molti son li	animali	a cui s'ammoglia,	*Inf.* I, 100
che li	animali	, infino al picciol vermo,	*Inf.* XXIX, 61
di si' fatti	animali	, assai fe' bene	*Inf.* XXXI, 50
vennero appres- so lor quattro	animali		*Purg.* XXIX, 82
a li	animali	fe' ch'ell'ha più cari;	*Purg.* XXIX, 138
oh terreni	animali	oh menti grosse!	*Par.* XIX, 85

possibile chiarimento di quanto si va dicendo, e perciò non risultano esaurienti. Anche in questa situazione, ad es., i rapporti sistematici sono indefiniti: noi ne abbiamo isolato solo tre tipi.

III, 5. Il contesto ci interessa piuttosto per un altro motivo: in quanto esso fissa il secondo asse del linguaggio, quello orizzontale; la catena dei termini successivi fisserà i rapporti *sintagmatici.* Viene detto *sintagma* ogni combinazione lineare di segni, e inserito nel sintagma il segno acquisterà il suo valore anche per il *contrasto* con i segni presenti attorno ad esso. Ai due piani del linguaggio (sistematico e sintagmatico) corrispondono due operazioni: una *selezione* di alcune tra le varie possibilità offerte dal sistema, e la loro *concatenazione* in un contesto.

A questo livello l'oggetto d'indagine non è più il segno in sè, ma la frase. La *sintassi*, cioè lo studio della frase, sarà *morfologica* quando analizzerà il piano dell'espressione (dei significanti), *semantica* quando studierà il piano del contenuto (dei significati). Si può forse stabilire una seconda distinzione, sulla base della opposizione distintiva bene/giusto: la *grammatica* studia la disposizione *giusta* dei segni, la *retorica* la disposizione *efficace.* Forse, piuttosto che di sintassi, sarebbe meglio parlare di *sintagmatica*: ma a noi pare che questo termine designi solo o meglio la concatenazione dei segni sul piano dell'espressione, prescindendo dai contenuti.

esempio 5: esempio di analisi (parziale) condotta sul sintagma.

Molti son li *animali* a CUI s'ammoglia
e più saranno ancora || infin che 'l *veltro*
verrà, CHE la farà morir con doglia.

III, 6. Oltre a situare il segno secondo i due assi del linguaggio, è opportuno analizzarne l'*uso*, in quanto esso serve a determinare il *tipo di discorso* in cui il segno stesso agisce. Secondo Ch. Morris

i segni possono essere usati per informare l'organismo intorno a qualche cosa, per aiutarlo nella scelta preferenziale di oggetti, per provocare sequenze di risposte di qualche famiglia di comportamenti e per organizzare il comportamento provocato da segni (interpretanti) in un determinato complesso unitario. Questi usi possono essere chiamati rispettivamente *informativo, valutativo, stimolante e sistemativo* [8].

Un secondo schema di catalogazione può essere quello di Jacobson [9]

[8] CH. MORRIS, *Segni, linguaggio e comportamento*, Longanesi, Milano, 1963, p. 97.

[9] R. JACOBSON, *Saggi di linguistica generale*, ed. Feltrinelli, Milano, 1966, capitolo IX « Linguistica e poetica ». Riteniamo tuttavia che sia possibile una fusione dei due schemi proposti, ed una loro ulteriore integrazione con ciò che dice S. Peirce sul medesimo argomento: speriamo di poterlo fare per il futuro. Per questo motivo abbiamo anche preferito non portare nessun esempio.

che distingue sei funzioni prevalenti nel linguaggio:

referenziale, quando il messaggio denota semplicemente;

espressiva o emotiva (es.: le interiezioni);

conativa, quando il messaggio rappresenta un comando (es. il modo vocativo e imperativo);

fàtica, quando il messaggio serve a stabilire, prolungare o interrompere la comunicazione (es. le formule stereotipate);

metalinguistica, quando il messaggio parla di un altro messaggio o del proprio codice (es. la critica letteraria);

estetica o poetica, quando il messaggio risulta ambiguo e autoriflessivo.

III, 7. Per quanto riguarda l'uso, si può avere un secondo tipo di analisi a proposito della *frequenza* dei segni che talvolta può risultare significativa rispetto determinati codici (ad es. cabalistici, religiosi, ecc.)

es. 6.: *le frequenze*:

Molti	son	li	animali	a	cui	s'ammoglia
18	165		6			1

(una frequenza significativa è: Beatrice, Inferno, solo 2 nel II canto)

III, 8. Possiamo riassumere in questo grafico quanto si è detto fino ad ora:

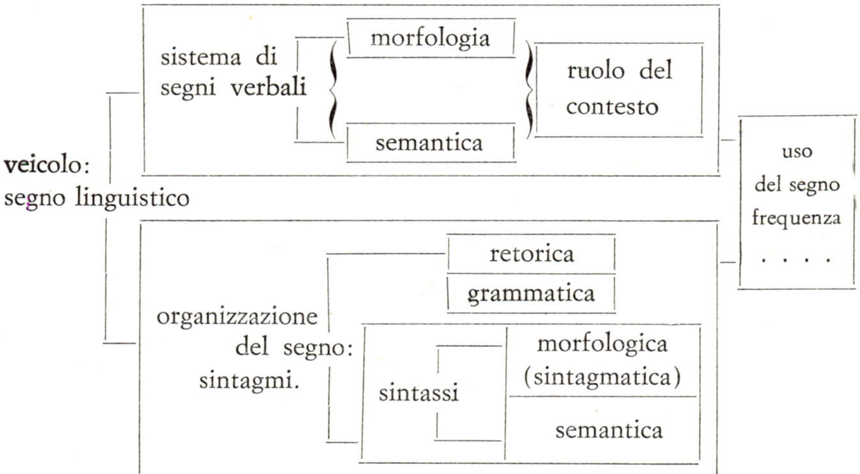

III, 9. Il veicolo (il segno) è il supporto della *narrazione*: si impone una netta distinzione nell'analisi, perché mentre lo studio sui veicoli (la linguistica, in questo caso) prescinde dagli avvenimenti narrati, lo studio della narrazione, possibile solo là dove si raccontano ' storie ', prescinde dai veicoli; (nel primo caso non ci interessa se si parla di filosofia o di spionaggio, nel secondo caso, se si racconta con immagini audiovisive o con parole scritte). « L'avvenimento narrato, che è un significato per la semiologia dei veicoli, diventa un significante per la semiologia della narrativa » [10]. Le unità di questa semiologia non sono più i segni, perciò, ma le *funzioni*, intese nel senso di elementi costitutivi della narrazione: esse possono essere *azioni semplici* (es. camminare, vedere), *personaggi* definiti in base alle loro azioni, personaggi definiti in base alla loro *iconografia primitiva, luoghi dell'azione, modi dell'azione.*

La funzione in pratica è un segno che si qualifica, rispetto al segno del veicolo, oltre a quanto abbiamo detto prima, per altri due motivi: perché assume due tipi di connotazioni (cioè di sensi aggiunti) che servono però solo a precisare il significato letterale della narrazione, cioè la connotazione espressiva e la connotazione narrativa; in secondo luogo perché le funzioni si ottengono attraverso un *processo di formalizzazione* che serve a cogliere la *struttura della narrazione*: bisogna distinguere tuttavia strutturalismo da formalismo:

> Al contrario del formalismo, lo strutturalismo si rifiuta di opporre il concreto all'astratto e di accordare a quest'ultimo una posizione di privilegio. La *forma* si definisce per opposizione ad una materia che le è estranea; ma la *struttura* non ha contenuto distinto: essa è il contenuto stesso colto in una organizzazione logica concepita come proprietà del reale [11].

Anche le funzioni possono essere poste su due assi: sistematico (il sistema delle funzioni) che comprende tutte le funzioni possibili ad una narrazione, schedate in coppie oppositive in maniera che ogni funzione abbia un senso escludendo le altre; e sintagmatico, che comporta tutte le funzioni usate nel testo.

III, 10. Portiamo ora un esempio (molto parziale) di come può essere strutturato il I Canto *Inf.*, secondo le funzioni *andare* e *vedere*

[10] CH. METZ, *Problemi di denotazione nel film di finzione: contributo a una semiologia del cinema*, in « Cinema e Film » A. I, n. 2, p. 178. Per la « semiologia della narrativa », oltre al fondamentale PROPP, *Morfologia della fiaba*, ed. Einaudi, Milano, 1966, si veda il numero (monografico) 8 di *Communications.*

[11] C. LEVI STRAUSS, *La struttura e la forma*, in PROPP, *Morfologia della fiaba, cit.*, p. 165. In questo saggio, inoltre, LEVI STRAUSS propone di disporre le funzioni in uno « schema atto a presentare un modello di struttura definita come il gruppo delle trasformazioni di un piccolo numero di elementi... e nella quale il sistema delle operazioni si accosterebbe a quello dell'algebra di Boole ». Noi abbiamo preferito non tentare questo tipo di schema, peraltro molto difficile.

(che assumono valenza positiva o negativa rispetto al loro risultato). L'esempio, puramente sperimentale, mostra tuttavia come nel canto si attuino due strutture omologhe.

es. 7

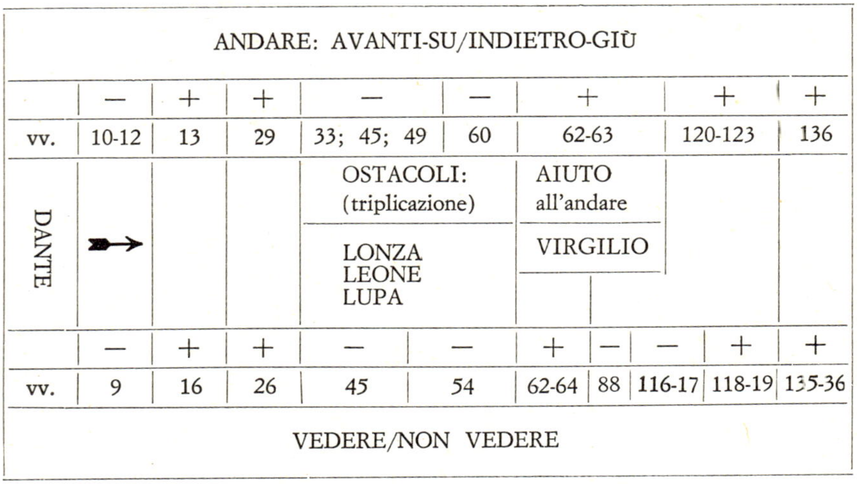

ANDARE: AVANTI-SU/INDIETRO-GIÙ								
	−	+	+	−	−	+	+	+
vv.	10-12	13	29	33; 45; 49	60	62-63	120-123	136
DANTE	➝			OSTACOLI: (triplicazione) / LONZA LEONE LUPA		AIUTO all'andare / VIRGILIO		

	−	+	+	−	−	+	−	−	+	+
vv.	9	16	26	45	54	62-64	88	116-17	118-19	135-36
VEDERE/NON VEDERE										

III, 11. Avevamo introdotto una distinzione di base: quella tra denotazione e connotazione. Ora ci spostiamo sul piano della connotazione, andando al di là dei significati letterali, per analizzare i sensi secondi, aggiunti: si ha *connotazione* quando un segno (un sistema di segni) diventa significante di un significato aggiunto. La letteratura è un sistema di connotazione: assume come significanti i segni del linguaggio scritto-parlato per dei significati aggiunti (*Weltanschauung*).

III, 12. I significanti di connotazione, che chiameremo *connotatori*, sono costituiti da segni (significanti e significati riuniti) del sistema denotato: naturalmente, vari segni denotati possono riunirsi per formare un unico connotatore — se esso è dotato di un solo significato di connotazione [12].

Le funzioni, come dicevamo, sono almeno in parte dei connotatori rispetto al significato connotato ' narrazione '. Distinguiamo tuttavia tra *stile*, cioè connotatore usato da un autore in quanto autore, e *scrittura*, cioè connotatore usato dall'autore in quanto membro di un particolare gruppo sociale.

[12] R. BARTHES, *Elementi di semiologia*, ed. Einaudi, Milano 1966, p. 80.

Dal canto suo, il significato di connotazione ha il carattere ad un tempo generale, globale e diffuso: è, se si vuole, un frammento di *ideologia*[13].

III, 13. Materiali[14] per l'inizio di una sistemazione della connotazione.

esempio 8: ma sapienza, *amore* e virtute *Inf.*, I, 104.

A) *stile: amore* in *Div. Comm.*:

Inf. I, 83; 104; III, 6; V, 66; 119; XXVI, 95; XXX, 39;

Purg. I, 81; III, 134; VIII, 4; XI, 2; XIV, 110; XV, 68; XVI, 93; XVII, 92; 130; XVIII, 14; 36; 43; XIX, 111; 122; XXII, 10; XXIV, 51; XXVI, 63; 99; 118; XXVIII, 43;

Par. I, 120; V, 1; 9; VI, 117; VII, 33; VIII, 2; X, 1; 59; 84; XI, 77; XIV, 38; XV, 64; XX, 95; XXI, 74; XXIII, 103; XXIV; 82; 132; XXV, 82; 108; XXVI, 18; 29; 38; XXVII, 8; XXVIII 45; 54; XXIX, 18; XXX, 40; XXXI, 27; XXXII, 62; 142; XXXIII, 7; 86.

B) *scrittura: amore* in *Vita Nova*, II; III; IV; VI; VII; VIII; IX; XI; XII; XIII; XIV; ecc.

in *Rime*: la (XL); 3a (XLIV); 7 (L); 9 (LII); 19 (LXVI); 25 (LXXII); ecc.

in *Convivio*: II, V; III, I; III, IV; IV, I; ecc.

In Iacopone da Todi, in *O jubilo del core*, in *Lauda XC* (Ebbrezza d'amore mistico), ecc.
In Guido Guinizelli, in *Origine e natura d'amore*, in *I Voti del poeta*, ecc.
In Guido Cavalcanti, in *Avete 'n voi li fiori, Era in penser d'amor*, ecc.
In Lapo Gianni de' Ricevuti, in *Dolc'è 'l pensier*, ecc.
In Gianni Alfani, in *Ballatetta dolente*, ecc.
In Cino da Pistoia, in *La dolce vista e 'l bel guardo soave*, ecc.

C) *ideologia*: a questo proposito si confronti il concetto di *amore* nella società del Trecento.

[13] R. BARTHES, *Elementi di semiologia, cit.*, p. 81.

[14] La connotazione non è stata ancora studiata sistematicamente; anche per questo non abbiamo fornito un esempio ma solo dei materiali.

III, 14. Possiamo ora schematizzare il *processo di decodificazione*; le operazioni si susseguono logicamente (non cronologicamente) da sinistra a destra e dall'alto in basso.

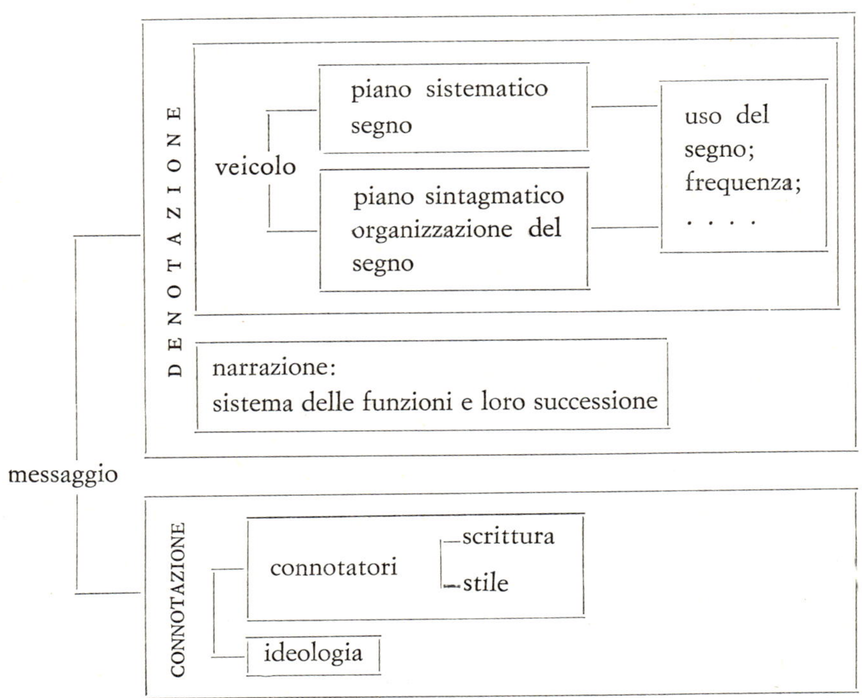

Francesco Casetti

INDICE

FINITO DI STAMPARE IN FIRENZE
PER I TIPI DELLA TIPOGRAFIA ROBUFFO
NEL MESE DI FEBBRAIO 1969